Tobias Haupts
US-Fantasy 1977–1987

Cinepoetics Essay

―

Herausgegeben von
Hermann Kappelhoff und Michael Wedel

Band 2

Tobias Haupts

US-Fantasy 1977–1987

Eine Genrebetrachtung

DE GRUYTER

ISBN 978-3-11-100037-4
e-ISBN (PDF) 978-3-11-099079-9
e-ISBN (EPUB) 978-3-11-099564-0
ISSN 2626-9198
DOI https://doi.org/10.1515/9783110990799

Dieses Werk ist lizenziert unter der Creative Commons Namensnennung - Nicht-kommerziell - Keine Bearbeitung 4.0 International Lizenz. Weitere Informationen finden Sie unter https://creativecommons.org/licenses/by-nc-nd/4.0/.

Die Creative Commons-Lizenzbedingungen für die Weiterverwendung gelten nicht für Inhalte (wie Grafiken, Abbildungen, Fotos, Auszüge usw.), die nicht im Original der Open-Access-Publikation enthalten sind. Es kann eine weitere Genehmigung des Rechteinhabers erforderlich sein. Die Verpflichtung zur Recherche und Genehmigung liegt allein bei der Partei, die das Material weiterverwendet.

Library of Congress Control Number: 2022942287

Bibliografische Information der Deutschen Nationalbibliothek
Die Deutsche Nationalbibliothek verzeichnet diese Publikation in der Deutschen Nationalbibliografie; detaillierte bibliografische Daten sind im Internet über http://dnb.dnb.de abrufbar.

© 2022 bei den Autorinnen und Autoren, publiziert von Walter de Gruyter GmbH, Berlin/Boston
Dieses Buch ist als Open-Access-Publikation verfügbar über www.degruyter.com.

Einbandabbildung: stsmhn/iStock/Getty Images Plus
Satz: Integra Software Services Pvt. Ltd.
Druck und Bindung: CPI books GmbH, Leck

www.degruyter.com

Inhalt

1   **Zyklen** —— 1

2   **Väter** —— 15
       Die Geburt der Fantasy aus dem Geist der Space Opera —— 15
       Die Bürde der Fantasy: Joseph Campbells Genretaxonomien —— 26
       Die Rückkehr des Königs: Ronald Reagan —— 31
       Vaterlos: CONAN THE BARBARIAN —— 37

3   **Dekadenz** —— 47
       Aufmarsch der Tyrannen: Die Antagonisten —— 47
       Hofstaat: THE DARK CRYSTAL —— 57
       Exkurs: Der audiovisuelle Überschuss der Fantasy —— 64

4   **Christentum** —— 69
       Tolkiens Theologie —— 69
       Merlins Helm: EXCALIBUR —— 73
       Koexistenz: DRAGONSLAYER —— 83

5   **Melancholie** —— 90
       Mommy Fortunas Mitternachtskarneval: THE LAST UNICORN —— 90
       Die Halde am Rand der Koboldstadt: LABYRINTH —— 101

6   **Hoffnung** —— 116
       Frühling: LEGEND —— 116
       Die Geburt eines Kindes: WILLOW —— 126

7   **Ins Offene: Rückbesinnung** —— 135

Danksagung —— 139

Literaturverzeichnis —— 141

Filmverzeichnis —— 145

Abbildungsverzeichnis —— 149

1 Zyklen

Als ein „leidiges Genre"[1] bezeichnet der Film- und Kulturwissenschaftler Daniel Illger das Genre der Fantasy in seinem 2020 erschienenen Buch zur *Poetik und Politik der Fantasy am Medium Videospiel*. Und er hat zweifelsfrei recht. Die Auseinandersetzung mit der Fantasy führt dort, wo man sie sucht, unweigerlich in eine Form der Rechtfertigung, die meint, den expliziten wie impliziten Kritiken an ihr eine Entgegnung schuldig zu sein. Konnte sich die Beschäftigung mit der literarischen Gattung in der mühevollen Arbeit der letzten Jahrzehnte diesen Anschuldigungen entziehen – ohne letztlich völlig frei davon zu sein –, trifft es den Film wie auch die Serie (oder, um erneut auf Illger zu rekurrieren, gar das Computerspiel) in doppelter Hinsicht: Die Bürde eines Mediums geht eine unheilvolle Liaison mit einem verdächtigen Genre ein. Denn zumindest die ersten an die Adresse des Genres gerichteten Vorwürfe trafen immer auch das Medium selbst, hier den Film, und dies nicht nur zu seinen Anfängen am Übergang vom 19. zum 20. Jahrhundert. Bezieht sich der erste und auch größte Vorwurf – der des Eskapismus – auf die Filme selbst, so richtet sich der zweite vorgebrachte Kritikpunkt – der der Fanwissenschaft – an jene, die mit dem *leidigen* Genre arbeiten. Hierbei meint Fanwissenschaft nicht das soziologische Feld einer Beobachtung und Analyse der Interaktionen einer in Leidenschaft verbundenen Gemeinschaft,[2] sondern ein undifferenziertes wie unkritisches, wenngleich auch enthusiastisches Interagieren mit dem Gegenstand, seine Lobpreisung, Überhöhung und Immunisierung gegen die Kritik. Doch gerade der Einwand der Fanwissenschaft stellt einen bemerkenswerten Vorwurf dar und dies zugleich angesichts zweierlei Punkte: Zum einen verkennt er die Möglichkeit, dass auch hinter der Beschäftigung mit den arrivierten Themen der Filmwissenschaft eine Leidenschaft verborgen sein könnte, die ebenfalls unter der Idee des Fanseins ihren Platz findet. Die jahrelange fachliche Auseinandersetzung mit durchaus kanonisierten Regisseuren wie Jean-Luc Godard oder Harun Farocki kann wohl kaum gelingen, wenn der Wissensdrang und das Auffüllen der Desiderate nicht auch von einer Liebe zum Gegenstand getrieben sind – wer diese Liebe als undifferenziert und unkritisch versteht, hat sie, die Liebe, ihrem Wesen nach eben nicht verstanden: begreifen, was ergreift. Bemer-

---

[1] Daniel Illger: *Grüne Sonnen: Poetik und Politik der Fantasy am Medium Videospiel*, Berlin 2020, S. 1.
[2] Gerade durch soziologische Arbeiten zum Fandom, meist im Bereich der Science-Fiction, geriet das Genre aber *en passant* in den Fokus wissenschaftlichen Interesses, wenngleich abseits filmwissenschaftlicher Erkenntnisbestrebungen. Vgl. hier zuletzt und die Diskussion zusammenfassend: Matthias Völcker: *Fan-Sein. Die Identität des Star Wars Fans*, Wiesbaden 2016.

kenswert ist der Vorwurf der Fanwissenschaft jedoch zum anderen auch, weil er zuweilen eine alte Dichotomie reaktiviert, die mit dem Verweis auf die Arbeiten Godards und Farockis bereits angedeutet wurde: die Aufteilung und Trennung kultureller Werke in Kunst und Unterhaltung, in E- und U-Kultur oder in Autoren- und Genrefilm; Unterscheidungen, die eine ernstzunehmende Filmwissenschaft spätestens seit den frühen 1990er Jahren ad acta gelegt hat, in der Filmpublizistik wie den Feuilletons der Tages- und Wochenzeitungen aber immer noch ihren Platz – und ihre Leserinnen und Leser – findet. Richtig ist, dass die Genres – und damit ist nun vor allem die fantastische Trias Horror, Science-Fiction und Fantasy gemeint – populäre Genres sind und eben in dieser Bedeutung auch ernst genommen werden müssen, und dies gar wörtlich: als Segment einer (Unterhaltungs-)Kultur, das von einem großen Teil der Bevölkerung rezipiert wird; als Buch und Erzählung, als Film im Kino oder Serie im Stream, als Spiel auf den heimischen oder mobilen Computern. Diese Kultur aus dem Blick zu verlieren, sie in ihrer Bedeutung, ihrer Funktion oder historischen Positionierung nicht verstehen zu wollen, lässt einen nicht unerheblichen Aspekt des gemeinsam geteilten Sinnhorizonts der Menschen schlicht außen vor, unabhängig von der Tatsache, dass sich die Zirkulation von audiovisuellen Inszenierungsformen nie an der oben aufgemachten (künstlichen) Differenz hat aufhalten lassen.

Zielt die abwertende Kategorie der Fanwissenschaft auf die mit dem Genre arbeitenden Wissenschaftlerinnen und Wissenschaftler, so ist der grundlegendste Vorwurf, welcher sich an die Filme selbst richtet, der des Eskapismus.[3] Will man diesen Vorwurf nun in seiner Bedeutung zunächst einmal ernst nehmen, wäre er daraufhin zu befragen, welche Art der Rechtfertigung er eigentlich evozieren soll. Wie bereits angedeutet, trifft der Verdacht des Eskapismus nicht nur das Genre, sondern das Medium Film in Gänze. Bereits die ersten Hütten auf den Jahrmärkten des beginnenden 20. Jahrhunderts, die sich dem Film als neuen Budenzauber[4] hingaben, galten als Orte, an denen die (sogenannte) Wirklichkeit für mehrere Minuten hinter sich gelassen werden konnte. Dabei muss Eskapismus erst einmal nicht durchweg negativ konnotiert sein; solange am Ende der Vorführung (oder inzwischen eben auch des Streamingvorgangs) der Weg zurück in die Wirklichkeit[5] gefunden und diese wieder Ziel und Sinn des täglichen Handelns wird, darf die Flucht durchaus gelingen – als gelunge-

---

3 Vgl. dazu die Diskussion bei Illger: *Grüne Sonnen*, S. 7 ff., 379 ff.
4 Das Genre der Fantasy *weiß* um diesen Ursprung. Vgl. dazu das Unterkapitel *Mommy Fortunas Mitternachtskarneval* in diesem Essay.
5 Michael Endes 1979 erstmals erschienener Roman *Die unendliche Geschichte* handelt genau von diesem Dilemma, der Unfähigkeit, verloren in der Flucht, nicht zurückkehren zu können. Die gleichnamige Verfilmung (BRD / USA 1984, Wolfgang Petersen) hingegen ignoriert es.

ner Urlaub vom Ich, so die Idee.[6] Zum Einsatz kommt die negative Konnotation des Begriffs vor allem dann, wenn die Gefahr des Eskapismus politisch oder gar moralisch ins Feld geführt wird. So zum Beispiel, man erlaube hier den Sprung, im Verlauf der (bundes-)deutschen Filmgeschichte, in der der Vorwurf des Eskapismus ein scharfes Schwert wurde, das in den 1950er Jahren vor allem jene Regisseure traf, die über die gewünschte *Stunde Null* keinen Neuanfang[7] wagten, sondern, so sie nicht den Stil der alten Ufa aktualisierten,[8] Zuflucht fanden in den Wäldern, Heiden und Tälern einer nicht einmal vergangenen, sondern imaginierten Welt: Der Heimatfilm, verantwortlich für jene von der Filmpublizistik der 1960er Jahre scharf kritisierten „schönen Stunden mit der unbewältigten Vergangenheit"[9], teilt ein ähnliches Schicksal wie die Fantasy, und dies vielleicht sogar soweit, dass zu fragen wäre, ob in ihm, um in der Sprache des Genres zu bleiben, nicht auch eine Sekundärwelt[10] entworfen wird, die es in den ihr eigenen Poetologien zu erkunden gilt. Auch damals diente die Herabsetzung jenes Genres dazu, diese Filme auf einen Platz zu verweisen, der fernab von jeder Kunst und damit des öffentlichen wie wissenschaftlichen Interesses anzusiedeln war. Selbst der Filmwissenschaftler Johannes von Moltke, Verfasser von *No Place Like Home. Locations of Heimat in German Cinema*[11], einem mittlerweile als Standardwerk geltenden Buch zum deutschen Heimatbegriff, fühlt sich an anderer Stelle dazu verpflichtet, den Status des Genres Heimatfilm als „‚bad object'"[12] deutlich zu machen, als müsste man sich des Einvernehmens versichern, dass es in der Auseinandersetzung nicht um eine Aufwertung des Genres geht, sondern um dessen intellektuelles Durchdringen und analyti-

---

6 Vgl. dazu J. R. R. Tolkiens leidenschaftliches Plädoyer für den Eskapismus. Als Verfechter einer eskapistischen Fantasy macht er sich so gleich eines doppelten Vergehens schuldig. J. R. R. Tolkien: Über Märchen [1939 / 1947]. In: ders.: *Gute Drachen sind rar. Drei Aufsätze*, übers. Wolfgang Krege, Stuttgart ³2002, S. 51–140, hier S. 115 ff.
7 Im (bundes-)deutschen Film fiel diese *Stunde Null* tatsächlich wenig nachhaltig aus und konzentrierte sich auf wenige Akteure wie u. a. den Filmproduzenten Artur Brauner. Zur Diskussion um den Begriff und seine möglicherweise doch vorhandene Berechtigung vgl. Uta Gerhardt: *Soziologie der Stunde Null. Zur Gesellschaftskonzeption des amerikanischen Besatzungsregimes in Deutschland 1944–1945/1946*, Frankfurt am Main 2005.
8 Vgl. Bernhard Groß: *Die Filme sind unter uns. Zur Geschichtlichkeit des frühen deutschen Nachkriegskinos. Trümmer-, Genre-, Dokumentarfilm*, Berlin 2015, S. 128 ff.
9 Vgl. Joe Hembus: *Der deutsche Film kann gar nicht besser sein. Ein Pamphlet von gestern, eine Abrechnung von heute. Mit einem Beitrag von Laurens Straub*, München 1981, S. 133.
10 Zum Begriff der Sekundärwelt vgl. die Auseinandersetzung bei Illger: *Grüne Sonnen*, S. 33 ff.
11 Johannes von Moltke: *No Place Like Home. Locations of Heimat in German Cinema*, Berkeley (CA) 2005.
12 Johannes von Moltke: Evergreens: The *Heimat* Genre. In: Tim Bergfelder / Erica Carter / Deniz Göktürk (Hrsg.): *The German Cinema Book*, London 2002, S. 18–28, hier S. 18.

sches Verstehen. Zielt der Vorwurf des Eskapismus sowohl in Bezug auf den Heimatfilm wie auch den Fantasyfilm bei der Suche nach dem *Guten, Wahren* und *Schönen* auf die Filme selbst – auf das Produkt, die Industrie und, besonders im Falle Deutschlands, auf die dahinterstehenden Regisseure –, so richtet er sich in einem zweiten Schritt letztlich auch gegen die Zuschauer, die nicht in der Lage zu sein scheinen, sich den durch die Kulturindustrie gestützten Verblendungszusammenhängen zu entziehen. Filmkritik wird so Zuschauerkritik.

Rückt jedoch der Zuschauer in den Fokus des Arguments, wird damit ein Urteil über das Sehen, die Rezeption von Filmen gefällt, das gleichfalls kaum noch haltbar scheint und antiquierten Ansätzen der Medienpädagogik wie Medienwirkungsforschung Folge leistet. Befürworter des Eskapismusgedankens imaginieren so eine Rezeptionsform, die den Zuschauer als vollkommen absorbiert erscheinen lässt, als tatsächlich nicht mehr mit der wirklichen Welt verbunden, als sei der einst Anwesende letztlich schlicht nicht mehr da, geflüchtet, nicht *hier*, sondern *dort*.[13] Derart ernstgenommen, wird der Vorwurf einer gewissen Lächerlichkeit preisgegeben, denn natürlich verlässt der Zuschauer zu keiner Zeit die ihn umgebene Welt, bleibt Teil der Wirklichkeit und damit auch immer zurückgeworfen auf sein eigenes Leben, Denken und Fühlen. Wichtiger aber noch erscheint es, dass die Idee des Eskapismus die hermeneutische Offenheit audiovisueller Inszenierungen verkennt. Die Filme können noch so raffiniert gemacht und willentlich geplant sein in dem Bestreben, ein spezifisches Ziel zu erreichen, die Zuschauer politisch zu bilden oder zu verblenden, zu erheitern oder zum Weinen zu bringen; was der Zuschauer aber letztlich mit diesen Bildern[14] *macht*, bleibt ihm selbst überlassen und entzieht sich nahezu jeder Form von Kontrolle.[15] Nur ihm als Rezipienten obliegen die Verbindungen, die er zieht, sowie die Rückschlüsse, die ihm naheliegend erscheinen.[16] Die Vorwürfe an das Genre der Fantasy sind daher nicht selten von einer Hybris geleitet, die (scheinbar) für einen schwammigen Kunstbegriff ar-

---

13 Woody Allen hat in seinem Film THE PURPLE ROSE OF CAIRO (USA 1985) diesen Gedanken sehr eindrücklich in Szene gesetzt.
14 Die Abkürzung *Bilder* meint hier, so wie nicht explizit auf das Gegenteil verwiesen wird, stets die sich für den Zuschauer zeitlich entfaltende, audiovisuelle Inszenierung des Films.
15 Die Nicht-Kontrollierbarkeit im Umgang mit den filmischen Inszenierungen stellte v. a. totalitäre Systeme vor das Problem, dass die eigentlich gedachte Intention jederzeit auch in eine entgegengesetzte Richtung verstanden werden konnte.
16 Der mit dem Eskapismus verbundene Vorwurf des Unrealistischen der Filme sei hier außen vorgelassen; anders als die Frage des Realismus ist der Vorwurf des Unrealistischen an einen Film oftmals das Metier der Filmkritik. Dass ein fantastischer Film zugleich auch den Prinzipien des Realismus untergeordnet werden kann, hat Hermann Kappelhoff aufgezeigt in seinem Buch *Realismus: das Kino und die Politik des Ästhetischen*, Berlin 2008, vgl. hier vor allem das Kapitel zu William Friedkins THE EXORCIST [DER EXORZIST] (USA 1973), ab S. 176 ff.

gumentiert und dabei doch verkennt, dass es noch etwas anderes gibt, das die Sinnhaftigkeit der Welt ausgestaltet – und damit gleichzeitig den Zuschauern nicht zutraut, die Filme eigenständig verstehen und einordnen zu können.[17]

Zweifelsfrei haben diese gegen das Genre der Fantasy ins Feld geführten Argumente den Diskurs beschädigt[18] und infolgedessen dazu beigetragen, dass die filmwissenschaftliche Auseinandersetzung mit ihm weiterhin massive Desiderate aufweist. So bildet die Fantasy das Schlusslicht in der Beschäftigung mit der fantastischen Trias. Während zu Beginn respektive gegen Ende der 1980er Jahre die ersten und bis heute wichtigen (US-amerikanischen)[19] Standardwerke in der Betrachtung der Science-Fiction[20] und des Horrorfilms[21] vorgelegt wurden, fehlt ein vergleichbares Buch für den Fantasyfilm bis heute.[22] Die (deutsche) Filmpublizistik hingegen nahm das Genre bereits in den späten 1970er und frühen 1980er Jahren als dankbares Thema auf, mitten in der Entwicklung jenes Zyklus,[23] der im Mittelpunkt dieses Essays stehen soll: der US-amerikanische Fantasyfilm zwischen 1977 und 1987.

---

17 Jede andere Sicht auf den Zuschauer würde ihn ins Pathologische rücken, wodurch man sich letztlich von einer ernsthaften Diskussion verabschiedet.
18 Arriviert ist hingegen die Frühform des Genres, z. B. die Fantastik der Weimarer Republik und der damit verbundene kurze Moment der Hochzeit der Fantastik im deutschen Kino, die nach der Zäsur des ‚Dritten Reichs' bis in die 1980er Jahre hinein kaum noch auf den bundesdeutschen Leinwänden zu finden war. Vgl. dazu Huan Vu: Lange Schatten. Genrefilm und Fantastik im Spannungsfeld der deutschen Geschichte. In: Christian Alexius / Sarah Beicht (Hrsg.): *Fantastisches in dunklen Sälen. Science-Fiction, Horror und Fantasy im jungen deutschen Film*, Marburg 2018, S. 19–36.
19 Die ersten deutschen respektive deutschsprachigen umfangreicheren Arbeiten entstanden Mitte der 2000er Jahre u. a. von Arno Meteling (Horror) und Simon Spiegel (Science-Fiction). Vgl. Arno Meteling: *Monster. Zu Körperlichkeit und Medialität im modernen Horrorfilm*, Bielefeld 2006 sowie Simon Spiegel: *Die Konstitution des Wunderbaren. Zu einer Poetik des Science-Fiction-Films*, Marburg 2007.
20 U. a. Vivian Sobchack: *Screening Space. The American Science Fiction Film*, New York (NY) 1987. Eine erste Version des Buchs entstand 1980 unter dem Titel *The Limits of Infinity. The American Science Fiction Film 1950–75*, South Brunswick (NJ).
21 U. a. Carol Clover: *Men, Women, and Chain Saws. Gender in the Modern Horror Film*, Princeton (NJ) 1992.
22 Trotz seiner Konzentration auf das Videospiel ließen sich Illgers Gedanken zum Genre, so wäre der Anspruch Illgers zu verstehen, ggf. und unter Berücksichtigung medialer Spezifika auch auf Film und Serie übertragen. Eben diese Übertragung ist im Moment aber noch offen.
23 Zum Begriff des Zyklus vgl. Amanda Ann Klein: *American Film Cycles. Reframing Genres, Screening Social Problems, and Defining Subcultures*, Austin (TX) 2011.

Ein Filmstill des Films THE DARK CRYSTAL (USA 1982)[24] von Jim Henson und Frank Oz ziert das Cover des von Norbert Stresau 1984 in der *weißen Reihe*[25] der *Heyne*-Filmbibliothek veröffentlichten Buchs zum Fantasyfilm.[26] Stresaus Ausführungen sind bis heute in doppelter Weise für die Filmgeschichte von Interesse. Zum einen bezeichnet der Autor das Genre nun qua Titel tatsächlich als Fantasy. Damit grenzt er es von anderen Kategorien der Fantastik wie dem Horror- und Science-Fiction-Film ab, die oftmals unter dem Label des *Phantastischen* zusammengefasst wurden. Und tatsächlich veröffentlichte die *Heyne*-Filmbibliothek zu beiden Genres, Horror und Science-Fiction, eine eigenständige, erneut an das breite Publikum gerichtete Monografie.[27] Noch die 1979 von Bernhard Roloff und Georg Seeßlen im Sachbuch-Segment des *Rowohlt*-Verlages gestartete Reihe *Grundlagen des populären Films* verstand unter dem *Kino des Phantastischen* lediglich den Horrorfilm.[28] Und während sich das *Kino des Utopischen*[29] des Science-Fiction-Kinos annahm, fehlte das Genre, das Stresau bei *Heyne* unter dem Namen *Fantasy* dem Leser vorstellte, in der zehnbändigen *Rowohlt*-Reihe als eigenständiger Beitrag. Bildete also Stresaus Buch eine Emanzipation der Fantasy[30] aus der Trias der Fantastik, führte er das Genre direkt in eine erneute Vermischung der Kategorien, die die filmpublizistischen wie -wissenschaftlichen Veröffentlichungen bis heute kennzeichnen. Zwar bleibt für den Autor der Oberbegriff der Fantasy bestehen, doch in die Geschichte des Genres, die er mit dem Beginn des Mediums Film in eins setzt und als des-

---

24 THE DARK CRYSTAL [DER DUNKLE KRISTALL] (USA 1982, Jim Henson / Frank Oz).
25 Der Begriff der *weißen Reihe* setzt die 1979 gestartete *Heyne*-Filmbibliothek von den Filmbüchern der blauen *Reihe Film* des *Hanser*-Verlages ab, die 1974 initiiert wurde. In der *Reihe Film* findet sich kein Buch zum Genre des fantastischen Films, wie sie überhaupt die Dichotomie zwischen Genre- und Autorenfilm recht deutlich werden ließ.
26 Vgl. Norbert Stresau: *Der Fantasy Film*, München 1984.
27 Den Anfang machte die Science-Fiction, vgl. Christian Hellmann: *Der Science Fiction Film*, München 1983 sowie erneut Norbert Stresau: *Der Horror-Film. Von Dracula zum Zombie-Schocker*, München 1987.
28 Vgl. Georg Seeßlen / Claudius Weil: *Kino des Phantastischen. Geschichte und Mythologie des Horror-Films. Mit einer Filmografie von Peter Horn und einer Bibliografie von Jürgen Berger*, Reinbek bei Hamburg 1980.
29 Vgl. Georg Seeßlen: *Kino des Utopischen. Geschichte und Mythologie des Science-fiction-Films. Mit einer Bibliografie von Jürgen Berger*, Reinbek bei Hamburg 1980.
30 Ein Jahr vorher arbeitete Stresau noch gemeinsam mit Rolf Giesen und Wolfgang J. Fuchs an einem Buch unter dem Titel des *phantastischen Films*. Vgl. Rolf Giesen: *Der phantastische Film*. Mit Beiträgen von Norbert Stresau und Wolfgang J. Fuchs, Ebersberg 1983.

sen Urvater er den französischen Magier und Filmfreund Georges Méliès[31] bezeichnet, inkludiert er Verfilmungen von Märchen und Sagen, die durch ihre Geschichte (und Geschichtlichkeit), ihre Narrative und audiovisuelle Inszenierungen monolithisch neben anderen von Stresau dem Genre zugerechneten Filmen stehen bleiben. Insofern *Der Fantasy Film* ein Publikumsbuch ist, ist dieser Befund Stresau nicht unbedingt vorzuwerfen. Erstaunlich bleibt allerdings, dass diese Form der Genregeschichtsschreibung nicht nur in den nächsten dreißig Jahren beibehalten, sondern dass darüber hinaus dieses Vorgehen auch im filmwissenschaftlichen Bereich durchaus noch verschärft wurde: Hier bleibt es nicht bei der Flucht in die *gemischte* Geschichte; stattdessen werden auf der Suche nach möglichen (genrerelevanten?) Gemeinsamkeiten Vergleiche zwischen weit auseinanderliegenden Filmen bemüht, die stets schon an der Prämisse scheitern, alles unter einen Oberbegriff subsumieren zu wollen. Die 2003 im Stuttgarter *Reclam*-Verlag unter dem Label der Filmgenres von Andreas Friedrich herausgegebene Sammlung von kleinen Beiträgen[32] zu einzelnen Filmen erscheint so – im Titel präziser als Stresaus Buch der 1980er Jahre – unter dem Label des *Fantasy- und Märchenfilms*.[33] Wo die Literatur auf das Genre zeigt, vermischt sich Fantasy nicht nur mit dem Märchenfilm,[34] sondern (erneut oder immer noch) mit den ihr nahestehenden Genres der Science-Fiction und des Horrorfilms.[35]

Bereits diese wenigen Beispiele der Literatur zum Fantasyfilm machen das Problem deutlich, das auch die (angloamerikanische) Fachliteratur zum Genre ab Ende der 2000er Jahre kennzeichnen wird.[36] Genre wird dort meist als eine

---

31 Vgl. Stresau: *Der Fantasy Film*, S. 11 ff.
32 Die Beiträge werden im Zusammenhang mit ihrem Anspruch, stellvertretend *für* ein spezifisches Genre zu stehen, zu einem performativen Moment der Genretheorie und führen das Dilemma der Genretaxonomie vor Augen, auf das im Verlauf des Essays noch zurückzukommen sein wird.
33 Andreas Friedrich (Hrsg.): *Filmgenres. Fantasy- und Märchenfilm*, Stuttgart 2003. Mit lediglich 250 Seiten gehört der Band zu den kleineren Veröffentlichungen der Reihe. Auch Friedrich fühlte sich 2003 bemüht, die Auswahl des Themas zu rechtfertigen. Vgl. Andreas Friedrich: Einführung. Ein Plädoyer für die Fantasie. In: ders. (Hrsg.): *Filmgenres. Fantasy- und Märchenfilm*, Stuttgart 2003, S. 9–14.
34 Vgl. zu einer Differenz von Fantasy und Märchenfilm die Arbeiten von Jack Zipes.
35 Vgl. exemplarisch die ältere Ausarbeitung bei Jens P. Becker: Monster, Replikanten und die Suche nach dem Gral: Die Fantasy-Filme der 80er Jahre. In: Dieter Petzold (Hrsg.): *Fantasy in Film und Literatur*, Heidelberg 1996, S. 17–32, sowie aktueller und im Titel auf die Fantasy abzielend: Farah Mendlesohn / Edward James: *Eine kurze Geschichte der Fantasy*, übers. Simone Heller, Berlin 2017. Für die 1980er Jahre vgl. vor allem S. 141 ff.
36 Vgl. u. a. Katherine A. Fowkes: *The Fantasy Film*, Chichester 2010 sowie James Walters: *Fantasy Film. A Critical Introduction*, New York 2011.

über- oder ahistorische Kategorie verstanden, die das Genre eben nicht an seinen je spezifischen Ort in der Geschichte bindet, sondern gerade von diesem ablöst, um die Auseinandersetzung mit diesem in einen weit gefassten argumentativen Schritt zu überführen, der sich nicht entscheiden kann, ob er die Geschichte als solche überbrücken will oder selbst als Metaebene fungiert. Dabei lässt man die Frage nach den Möglichkeiten (oder eher: den Gefahren) eines Vergleichs offen. Beispielhaft sei hier David Butlers Frage angeführt, wie er sie in seiner Einführung zum *Fantasy Cinema* stellt: „What are the familiar elements that unite *Eragon* and *The Ghost and Mrs. Muir*?"[37] Handelt es sich beim zweiten dieser beiden Literaturverfilmungen mit dem erheiternden deutschen Verleihtitel EIN GESPENST AUF FREIERSFÜSSEN[38] um einen US-amerikanischen Liebesfilm von Joseph L. Mankiewicz aus dem Jahr 1947, also aus der Hochphase des sogenannten ‚klassischen'[39] Hollywoodstudiosystems, erschien ERAGON[40] dagegen 2006, angelegt als Fantasyblockbuster eines nunmehr völlig anders produzierenden wie ökonomisch operierenden Filmmarktes.

Sicher sind solche Differenzen allein noch keine grundlegenden Einwände gegen Butlers Frage und seinen sich anschließenden Filmvergleich. Doch führt ein solcher Vergleich in ein Denken und damit Schreiben über Filmgenres, das Hermann Kappelhoff zuletzt 2016 in seinem Buch zum (US-)Genre des Kriegsfilms stark in Zweifel gezogen hat.[41] Eine Frage, wie sie von Butler gestellt wurde, führt, so Kappelhoff, in eine Aneinanderreihung von Genretaxonomien, die letztlich zirkulär bleiben muss.[42] Mehr noch, zielen diese normativen Setzungen ja gerade auf die bereits kritisierte, ahistorische Ebene der Diskussion, die kaum aufrechtgehalten werden kann.[43] Bereits Stanley Cavells basale Feststellung, dass Filme sich immer auf andere Filme beziehen[44] – und auch auf andere audiovisuelle Inszenierungen abseits des Kinos, so muss heute ergänzt werden –, steht einem solchen Verständnis von Genre nahezu diametral entgehen. Diese Form des (historischen) Bezugnehmens auf weit auseinander lie-

---

37 David Butler: *Fantasy Cinema. Impossible Worlds on Screen*, London 2009, S. 19.
38 THE GHOST AND MRS. MUIR [EIN GESPENST AUF FREIERSFÜSSEN] (USA 1947, Joseph L. Mankiewicz).
39 Zur Gefahr derartiger Einteilungsschemata vgl. Hermann Kappelhoff: *Genre und Gemeinsinn. Hollywood zwischen Krieg und Demokratie*, Berlin 2016, S. 86 ff.
40 ERAGON [ERAGON – DAS VERMÄCHTNIS DER DRACHENREITER] (USA / UK / HU 2006, Stefen Fangmeier).
41 Vgl. Kappelhoff: *Genre und Gemeinsinn*, S. 78 ff.
42 Vgl. Kappelhoff: *Genre und Gemeinsinn*, S. 84, 91.
43 Vgl. Kappelhoff in Bezug auf Rick Altman: *Genre und Gemeinsinn*, S. 89.
44 Vgl. Stanley Cavell: *The World Viewed. Reflections on the Ontology of Film*. Enl. Ed., Cambridge (MA) 1979, S. 7 sowie in Bezug auf den Begriff des Genres: Stanley Cavell: *Pursuits of Happiness. The Hollywood Comedy of Remarriage*, Cambridge (MA) 1981, S. 28.

gende Filme, wie es unter anderem bei Butler der Fall ist, kann somit nie auf eine Metaebene führen, die *das* Genre einer Letztbegründung zuführen will, durch die nach der Festlegung einer spezifischen Kategorisierung mit dem Finger der Gelehrigkeit eben immer nur noch auf *das* Genre zu zeigen wäre. Genre ist somit ein Kollektivsingular, dem stets eine zeitliche Dimension innewohnt: *Der* Fantasyfilm meint daher immer *die* Fantasyfilme; und eben dieser Fantasyfilm *ist* nicht, er *war*. Kappelhoffs Vorschlag nun, den infiniten Regress ahistorischer Genrebetrachtung und die damit verbundenen Taxonomien zu überbrücken, besteht weder in der Ausgestaltung des Genres als Modus industrieller Produktion,[45] noch in einem Verständnis als oftmals ideologiekritisch operierenden Modus der Repräsentation:[46] Vielmehr zielt er auf das Genre als Modus ästhetischer Erfahrung ab,[47] welche sich wiederum nur in der Analyse audiovisueller Inszenierungen entfalten, beschreiben und verstehen lässt.

Diesen Weg möchte auch dieser Essay nutzen und ihn zugleich, zumindest in Ansätzen, mit einem weiteren Gedanken eines möglichen Schreibens über Genre verbinden: mit dem Begriff der historischen Poetik, den Hermann Kappelhoff gemeinsam mit Matthias Grotkopp als Zugriff auf Genre-/Filmgeschichte operationalisierbar macht.[48] Ausgehend von den Überlegungen des US-amerikanischen Neoformalismus der 1980er Jahre und den Texten von David Bordwell und Kristin Thompson,[49] die durchaus innerhalb des Modus der industriellen Produktionen anzusiedeln wären, plädieren Kappelhoff und Grotkopp dafür, nicht beim Blick auf das handwerkliche *Machen* der Filme zu enden. Wie Kappelhoff bereits in seinen Ausführungen zum Kriegsfilm vorschlägt, wäre die historische Poetik zu ergänzen um die Einbeziehung der „historischen und mediale[n] Gemachtheit der Schemata der Wahrnehmung und des Verstehens"[50].

Der Blick der vorliegenden Ausführungen gilt daher nun einem spezifischen örtlich-zeitlichen Moment innerhalb der Geschichte des Genres: Im Fokus steht das US-amerikanische Kino in den Jahren 1977 bis 1987, d. h. der nationale Produktionszusammenhang nach dem (vermeintlichen) Ende des New Holly-

---

45 Vgl. Kappelhoff: *Genre und Gemeinsinn*, S. 91.
46 Vgl. Kappelhoff: *Genre und Gemeinsinn*, S. 93.
47 Vgl. Kappelhoff: *Genre und Gemeinsinn*, S. 96.
48 Vgl. Hermann Kappelhoff / Matthias Grotkopp: Historische Poetik des Films. In: Bernhard Groß / Thomas Morsch (Hrsg.): *Handbuch Filmtheorie*, Wiesbaden 2018, S. 305–322.
49 Vgl. Kappelhoff / Grotkopp: *Historische Poetik des Films*, S. 308 ff. Vgl. dazu auch die dortigen Literaturangaben zu den kanonisierten Texten von Bordwell und Thompson.
50 Kappelhoff / Grotkopp: *Historische Poetik des Films*, S. 317.

wood. Somit ist nicht der industrielle Produktionszusammenhang[51] eines neuen Blockbuster-Kinos von Interesse, wie ihn unter anderem der Neoformalismus zentral setzen würde. Vielmehr bildet die audiovisuelle Entfaltung einer Affektpoetik, die sich „schließlich als Genre des [Fantasyfilms] ansprechen"[52] lässt, das genuine Erkenntnisinteresse – ein Genreverständnis also, das eben nicht aufgeht im bloßen Abhaken imaginierter Listen vorgefertigter und vorzufindender inhaltlicher und visueller Motive. Der Essay widmet sich hierfür fünf Themenkomplexen, die insbesondere mit jeweils exemplarischen Filmen durchlaufen werden: *Väter* (CONAN THE BARBARIAN [USA 1982, John Milius]), *Dekadenz* (THE DARK CRYSTAL [USA / UK 1982, Jim Henson / Frank Oz]), *Christentum* (EXCALIBUR [USA / UK 1981, John Boorman], DRAGONSLAYER [USA 1981, Matthew Robbins]), *Melancholie* (THE LAST UNICORN [USA 1982, Jules Bass / Arthur Rankin Jr.], LABYRINTH [USA 1986, Jim Henson]) sowie *Hoffnung* (LEGEND [USA 1985, Ridley Scott], WILLOW [USA 1988, Ron Howard]). Und so, wie die genannten Filme selbst wiederum auch Querverbindungen zwischen den Themenkomplexen aufmachen, wird sich dem Genrezyklus auch immer wieder mit George Lucas' erster STAR-WARS-Trilogie (USA 1977–1983) genähert werden.

Die Poetiken, die sich so formieren, sind dabei selbstverständlich weder dem Genre oder der hier in den Fokus gerückten Zeit exklusiv vorbehalten, noch sind sie nur in den jeweils zentral gesetzten Filmen zu finden. Sie gehen jedoch eine Allianz mit einem sehr speziellen Kino ein, welches sich seit Ende der 1970er Jahre vom ästhetischen Prinzip des Realismus fortzuentwickeln scheint (ohne dass dies zwingend gleichbedeutend mit der Erneuerungsbewegung des US-amerikanischen Kinos seit Mitte der 1960er Jahre zu betrachten wäre). Dieses Kino lässt neue dominante Entwicklungslinien der 1980er Jahre in den Arbeiten George Lucas' und Steven Spielbergs, Joe Dantes und John Landis', vielleicht auch schon Terry Gilliams, Tim Burtons und James Camerons erkennen.[53] Besonders anschaulich lässt sich jener auffällige Tonalitätswechsel jedoch am US-amerikanischen Horror- und Science-Fiction-Film erklären. Für den Horrorfilm war seit Ende der 1960er Jahre eben jenes bereits erwähnte Prinzip zentral, nach welchem das Genre das Monster zum Serienmörder transformierte und die Schreckgestalten der *Universal Studios* vollends hinter sich ließ:

---

51 Vgl. zur intensiven Auseinandersetzung mit den Produktionszusammenhängen des Genres: Sassan Niasseri: *A Lifetime Full of Fantasy. Das phantastische Kino. Aufstieg, Fall und Comeback*, Marburg 2021.
52 Kappelhoff: *Genre und Gemeinsinn*, S. 80. Im Original war vom Kriegsfilm die Rede.
53 Angus McFadzean verdichtet dieses Kino unter dem Schlagwort des Suburban Fantastic Cinema. Vgl. Angus McFadzean: *Suburban Fantastic Cinema. Growing up in the Late Twentieth Century*, London 2019.

Die Gefahr wurde nicht in einem exotisch fremden und fernen Außen platziert, sondern in den Hinterhof des eigenen Landes[54] oder gar in den Schatten hinter den weißen Zäunen[55] der Suburbs. Der Wandel des Genres, der rund zehn Jahre später begann, erfolgte schleichend. Die nun das Böse verkörpernden Antagonisten erschienen zunächst nur in der außerdiegetischen (kapitalistischen) Logik der Fortsetzung unbesiegbar, bis sie es schließlich auch innerdiegetisch wurden. So wurde etwa in Wes Cravens A NIGHTMARE ON ELM STREET (USA 1984) die als Projektionsfläche dienende, aber zugleich eindeutig menschlich konnotierte Maske zum vernarbten Gesicht eines Mörders, der eigentlich längst hätte tot sein müssen, zugleich aber auch als Herrscher über die Träume der (jugendlichen) Protagonisten außer- wie innerfilmisch abseits der sogenannten Realität operierte. Auf diese Weise wechselte der Horrorfilm vom Modus des Realismus in den Modus des Fantastischen – lediglich die Darstellung der Wunde, der Splatter, blieb den einmal gefundenen Inszenierungsformen treu. Die Science-Fiction hingegen wechselte 1977 nach den Umwelt- und Klimadystopien der 1970er Jahre erfolgreich in den Modus der Space Opera. Auf deren Emergenz wird mit George Lucas' STAR WARS im nächsten Kapitel noch zurückzukommen sein. Denn mit diesem Film, der im Zusammengang mit Steven Spielbergs JAWS[56] die Bewegung des New Hollywood, wenn schon nicht beendete, so doch maßgeblich transformierte, hierbei auf die Filme *und* das Kino zielend, beginnt der Zyklus[57] der jener Fantasyfilme, um die es im Folgenden gehen soll.

Das Ende des hier thematisierten Zyklus hingegen auf oder eher um das Jahr 1987[58] zu datieren, hat zwei Gründe. Zum einen, um mit dem produktionshistorischen Ansatz Sassan Niasseris zu argumentieren, endet hier die Erfolgsgeschichte des Genres: An den Kinokassen häufen sich (zu) teuer produzierte Flops, wie unter anderen Jim Hensons LABYRINTH, die an den Erfolg vorheriger Filme des Zyklus nicht anzuschließen vermochten. Zum anderen enden weitere, zeitgleich im

---

54 Vgl. THE TEXAS CHAIN SAW MASSACRE [BLUTGERICHT IN TEXAS] (USA 1974, Tobe Hooper).
55 Vgl. HALLOWEEN [HALLOWEEN – DIE NACHT DES GRAUENS] (USA 1978, John Carpenter).
56 JAWS [DER WEIßE HAI] (USA 1975, Steven Spielberg).
57 Hierbei handelt es sich um einen Zyklus, der in einigen Standardwerken zur US-amerikanischen Filmgeschichte nicht als solcher bemerkt wurde. Vgl. hier u. a. Stephen Prince: *A New Pot of Gold. Hollywood Under the Electronic Rainbow, 1980–1989*. Vol. 10: *History of the American Cinema*, Berkeley (CA) 2000, S. 288 ff. Zwar heißt das Unterkapitel bei Prince *Fantasy / Science Fiction*, es benennt aber die in diesem Essay als Zyklus behandelten Filme nicht.
58 Es versteht sich von selbst, dass die Entwicklung des Genres nicht schlagartig mit dem Jahr 1987 beendet wird, sondern weitere letzte Ausläufer auch nach dem Ende der hier betrachten Zeit vorzufinden sind, sich jedoch nicht mehr zu einem identifizier- und beschreibbaren zeitlichen Zusammenhang verdichten.

US-amerikanischen Kino vorzufindende Zyklen, die eine ähnliche Struktur aufweisen wie der Fantasyfilm, zumindest in seiner Ausformung ab 1982.

Fantasyfilme richten sich um 1977 nicht nur, wie das Kino in den USA generell, an ein jugendliches (und meist männliches) Publikum, sondern handeln zeitgleich auch vom Moment des Erwachsenwerdens, des Übergangs von einer Welt in eine andere, der in einigen der Filme auch ganz konkret ausgehandelt wird.[59] So kann der Fantasyfilm auch als eine Spielart des *Coming-of-Age*-Films gelesen werden, der die Geschichte des Erwachsenwerdens mit dem Zyklus des Stalker-/Slasherfilms im Bereich des Horrors wie auch mit dem Teenfilm (hier maßgeblich die Filme von John Hughes) der Dekade teilt. Bereits 1990 hat Vera Dika in ihrer Untersuchung zum Stalkerfilm der späten 1970er und frühen 1980er Jahre[60] auf den rituellen Charakter der Filme verwiesen. Die doppelten *Rites de Passage* zielen nicht nur auf das vermeintliche Erwachsenwerden der Jugendlichen im Film – respektive das nicht Erreichen dieses Ziels durch die zumeist tödlich endenden Handlungen des Antagonisten –, sondern auch auf die Rezeption der Filme als Mutprobe in der Gemeinschaft Gleichaltriger. Wenn aber, so der Gedanke in Anschluss an Dika weiter, der Moment des Übergangs von einer Lebensphase in die andere universell[61] ist, stellt sich die Frage, warum das Interesse an diesen Filmen Mitte der 1980er Jahre abebbt. Tatsächlich lässt sich nicht nur beobachten, wie die Thematik das Genre zu wechseln scheint, eben vom Horror- in den Teenfilm, dessen anfänglicher Schwerpunkt zu Beginn der Dekade von der Komödie (bzw. gar vom Klamauk) schließlich in die Tragikomödie wechselt. Es lässt sich ebenfalls feststellen, dass dieser Zyklus in den späten 1980er Jahren sein Ende findet. Timothy Shary versucht in seinem Buch *Teen Movies. American Youth on Screen*[62] eine mögliche, wenngleich heuristische Antwort auf diese Fragen zu finden. Den Niedergang des Slashers, den er als Subgenre des Teenfilms charakterisiert, versteht er einge-

---

59 In der sogenannten Portalfantasy etwa benötigt es das Durchschreiten einer (magischen) Tür, um von einer Welt in die andere zu gelangen und aus ihr meist verändert (erwachsen) zurückzukommen. Ein solcher Übergang findet sich, wenn auch wiederum ohne Portal, in Jim Hensons LABYRINTH, vgl. dazu das Unterkapitel *Die Halde am Rand der Koboldstadt* in diesem Essay.
60 Vgl. Vera Dika: *Games of Terror. Halloween, Friday the 13th, and the Films of the Stalker Cycle*, Rutherford (NJ) 1990, S. 129 f. Dika fasst den Zyklus, ähnlich wie dieser Essay in Bezug auf die Fantasy, recht eng, und datiert ihn auf die Jahre zwischen 1977 und 1981.
61 Die Universalität der *Rites de Passage* erinnert an Joseph Campbells Mythentheorie. Vgl. das Unterkapitel *Joseph Campbells Genretaxonomien* in diesem Essay.
62 Vgl. Timothy Shary: *Teen Movies. American Youth on Screen*, London 2005.

bettet in den Niedergang[63] des Teenfilms, nur um sich mit diesem Argument in einen Zirkel zu begeben, der so richtig wie gleichzeitig nichtssagend ist. Interessanter wirkt sein zweites, gleichfalls durch ein „perhaps"[64] eingeleitetes Argument, dass das Interesse am Übernatürlichen durch das Aufkommen neuer Genrezyklen, die sich Ende der 1980er Jahre verstärkt (oder auch: erneut) der Idee eines Realismus zuwenden, kontinuierlich abgenommen habe. Die realen Bedingungen („real social conditions"), wie sie von ihm im in den späten 1980er Jahren beginnenden *African-american crime cycle* dargestellt werden,[65] hätten ihren Platz eingenommen, als wären die Rezipienten mit den Filmen erwachsen geworden.[66] Ein zentrales Moment verliert Shary dabei aus den Augen: den Wechsel der Rezeptionsform vom Kino hin zur Videokassette und der Videothek. Richtig ist zwar, dass die Horrorfilme der 1980er Jahre, ähnlich wie der Teenfilm und die Fantasy, nicht an die Popularität der ersten Jahre des Jahrzehnts anknüpfen konnten, diese aber abseits des Kinos weiterhin für den Videomarkt produziert wurden – und schließlich auch nicht gänzlich aus den Kinos verschwanden. Das Vergnügen der *Rites de Passage* funktioniert nunmehr als *Play-and-Rewind*, und damit weiterhin so, wie es Dika für den Stalkerfilm postuliert hat und von Carol Clover tiefergehend analysiert wurde.

1987 wird somit als das Jahr gesetzt, in denen mehrere Filmzyklen ein vorläufiges *Ende* fanden, die in ihrem jeweiligen Zugriff auf die Realität, ihrem Angebot an ein jugendliches Publikum und der in ihr verhandelten Themen trotz der unterschiedlichen Art der audiovisuellen Inszenierungen große Ähnlichkeiten aufweisen. Dies beschreibt einen Vorgang, der sich in ähnlicher Weise Mitte der 1990er Jahre im US-amerikanischen Kino wiederholt und damit das Heranwachsen einer neuen Mediengeneration begleiten sollte: das Aufkommen des (postmodernen) Neo-Slashers,[67] der Rückkehr der Space Opera[68] und der Renaissance des Teenfilms.[69] Das Fantasygenre, und mit ihm der Horror- und

---

63 In der Argumentation steckt somit auch eine Sicht auf Genre, die dem Gegenstand eine gewisse Erschöpfung zugesteht.
64 Shary: *Teen Movies*, S. 62. Sharys vulgärpsychologische Erklärung, dass die Realität erschreckender wäre als der fantastische Horror der Dekade, bleibt hier außen vor.
65 Vgl. Shary: *Teen Movies*, S. 81.
66 Was durchaus den doch befremdlichen Eindruck erweckt, dass im Dazwischen der Zyklen kein Zuschauer dem Schrecken des Erwachsenwerdens ausgesetzt gewesen wäre oder sich jeder mit den Auslagen der Videotheken zufriedengegeben hätte.
67 Vgl. SCREAM [SCREAM – SCHREI!] (USA 1996, Wes Craven).
68 Vgl. STAR WARS: EPISODE I – THE PHANTOM MENACE [STAR WARS: EPISODE I – DIE DUNKLE BEDROHUNG] (USA 1999, George Lucas).
69 Vgl. AMERICAN PIE [AMERICAN PIE – WIE EIN HEISSER APFELKUCHEN] (USA 1999, Paul Weitz).

Science-Fiction-Film, hatten sich, so der Filmwissenschaftler Thomas Elsaesser, zu diesem Zeitpunkt längst in ihrer Funktion innerhalb des Genresystems gewandelt, hatten aus B-Filmen A-Filme werden lassen, die als neue Blockbuster das immer wieder totgesagte Kino revitalisierten.[70] Eben für diese Entwicklung bildeten die Filme zwischen 1977 und 1987 eine unabdingbare Voraussetzung und referenzielle Grundlage.

---

[70] Es ist dies eine Entwicklung, die in den 1980er Jahren begann und in den 1990er Jahren einen neuen Höhepunkt fand. Vgl. Thomas Elsaesser: *Hollywood heute. Geschichte, Gender und Nation im postklassischen Kino*, Berlin 2009, S. 123 und S. 129.

2 Väter

Die Geburt der Fantasy aus dem Geist der Space Opera

„Der Fantasyfilm ist ein recht junges Genre, das sich erst Mitte/Ende der 1970er Jahre mit dem Erfolg von George Lucas' *Star Wars: Episode IV – A New Hope/Krieg der Sterne* (USA 1977) [...] in seine jetzige Form auszudifferenzieren begann."[1] Mit dieser treffenden filmhistorischen Intuition setzt Vera Cuntz-Leng einen filmhistorischen Schnitt, der die Vermengung mit und die Diskussion über andere (genretaxonomische) Beschreibungen für beendet erklärt, ohne ihren möglichen Einfluss (wie den des Märchens oder der Fantastik) vollständig negieren zu wollen. Genau genommen begann sich mit Lucas' Film(en) jedoch nicht das Genre der Fantasy auszudifferenzieren, sondern die Fantasy der beginnenden 1980er Jahre. Dies wird besonders im Hinblick auf die sich anschließenden Prequel- und Sequeltrilogien des STAR-WARS-Franchise deutlich, die sich trotz filmhistorischer Genealogien und intertextueller Bezüge letzten Endes maßgeblich von den Filmen der Originaltrilogie der 1970er und 1980er Jahre unterscheidet: nicht nur, wie oben beschrieben, durch den Beginn neuer Zyklen Ende der 1990er Jahre,[2] sondern auch durch ihr Eingewobensein in eine sich stark differenzierende Medien- und Produktionssituation, die stets auf die damit verbundenen veränderten „Schemata der Wahrnehmung und des Verstehens"[3] verweist, um mit Kappelhoff und Grotkopp zu sprechen. Oder anders formuliert: Der Blockbuster der 1980er Jahre ist nicht der Blockbuster der 1990er Jahre ist nicht der Blockbuster der 2010er Jahre.[4]

---

[1] Vera Cuntz-Leng: Der Fantasyfilm. In: Marcus Stiglegger (Hrsg.): *Handbuch Filmgenre. Geschichte – Ästhetik – Theorie*, Wiesbaden 2020, S. 527–538, hier S. 530.

[2] Die Bedeutung der neuen Space Opera respektive der neuen STAR-WARS-Trilogie (1999–2005) für die sich anschließende Fantasy (maßgeblich dominiert vom HARRY-POTTER- [2001–2011] und dem LORD-OF-THE-RINGS-Franchise [2001–2003]) wäre noch zu analysieren.

[3] Hermann Kappelhoff / Matthias Grotkopp: Historische Poetik des Films. In: Bernhard Groß / Thomas Morsch (Hrsg.): *Handbuch Filmtheorie*, Wiesbaden 2018, S. 305–322 hier S. 317; vgl. dazu die Einführung in diesen Essay.

[4] Auch der Begriff des Blockbusters darf nicht ahistorisch gedacht werden. Mit der Verwendung des Begriffs sind in den 1960er Jahren vollkommen andere Mechanismen der Produktion, Distribution und Affektpoetik verbunden als mit dem Blockbuster-Film der 1970er oder gar 1990er Jahre. Um diese voneinander zu trennen, wären nicht nur eine Analyse der Veränderungen der Filmtechnik nötig und ein Blick auf andere zeitgenössische Produktionen, sondern auch der Einbezug des für den Zuschauer zur Verfügung stehenden Medienensembles. Vgl. dazu Robert Blanchet: Blockbuster und High Concept: Hollywoods Mainstreamkino nach 1975. In: Thomas Christen / ders. (Hrsg.): *Einführung in die Filmgeschichte*, Bd. 3: *New Hollywood bis Dogma 95*, Marburg ²2016, S. 395–411.

ə Open Access. © 2022 bei den Autorinnen und Autoren, publiziert von De Gruyter. [CC BY-NC-ND] Dieses Werk ist lizenziert unter der Creative Commons Namensnennung - Nicht-kommerziell - Keine Bearbeitung 4.0 International Lizenz.
https://doi.org/10.1515/9783110990799-002

Bevor nun der Zusammenhang zwischen STAR WARS und dem Zyklus der Fantasy der 1980er Jahre entfaltet werden soll, sind die filmhistorischen Umbrüche darzulegen, die dem Aufkommen des sogenannten Blockbusters vorausgingen, um noch einmal genauer den Beginn des Zyklus greifen zu können. George Lucas' Film wurde nicht nur als Prototyp der nunmehr dominanten Form des populären Unterhaltungskinos der 1970er und 1980er Jahre angesehen, sondern zugleich auch als ein filmgeschichtliches Moment, das das Kino des New Hollywood hinter sich gelassen hätte. Hierfür mag es sicher gute Gründe geben, zuvorderst die Rückkehr eines Produzentenkinos und damit verbunden die Stabilisierung des Hollywoodstudiosystems, welches seit Mitte der 1960er Jahre massiv an Einfluss eingebüßt hatte, zurück zu einem Standard US-amerikanischer Filmproduktion, wie es vor dem Aufbegehren der jüngeren Generation übliche Praxis gewesen war. Der Wechsel, der sich als Ende des Neuen Hollywoods lesen lassen mag, ist jedoch nicht nur ein Wechsel von einer Generation junger Regisseure zu neuen Talenten, sondern gleichsam ein Übergang von den Realismus-Inszenierungen der New Hollywood-Produktionen hin zu einem fantastischen Kino. Und dies ist vor allem dann ein interessanter Befund, wenn man nach dem Zustandekommen der Erneuerungsbewegungen im internationalen Kino nach dem Zweiten Weltkrieg fragt, deren Aufkommen gemeinhin mit den Erfolgen des italienischen Neorealismus in Bezug gesetzt wird. Der oftmals als Generationenkonflikt ausgetragene Kampf der jüngeren Filmemacher (und mehr und mehr auch der Filmemacherinnen) um den Zugang zu den filmischen Produktionsmöglichkeiten, wie er zum Beispiel im Falle des Jungen respektive Neuen Deutschen Films nach dem Oberhausener Manifest 1962 einen finanziell-existenziellen Kern besaß, konzentrierte sich häufig auf die Frage des Umgangs mit der eigenen (hier: deutschen) Vergangenheit. Mehr noch aber ging es im westlichen Kino der 1950er bis 1970er Jahre um etwas Grundlegendes: um das Fehlen der eigenen (subjektiven) Erfahrungswelt auf den nationalen Leinwänden. Die Erkenntnis wog schwer, dass die Filme, die dort zu sehen waren, zwar perfekt gemacht zu sein schienen,[5] jedoch mit dem *eigenen* Leben nichts zu tun hatten. Dieses Fehlen einer Repräsentation des individuellen alltäglichen Kampfes in einer weiterhin unsicherer werdenden Welt führte ebenso zu den Bestrebungen der Nouvelle Vague, zur British New Wave wie auch, unter spezifischen Vorzeichen, zum Kino der moralischen Unruhe in Polen. Und es resultierte ab den 1970er Jahren letztlich auch in die Bemühungen eines vormals noch als

---

5 Erinnert sei nur an den Vorwurf François Truffauts, der den Counterpart der Nouvelle Vague mit dem Begriff *Tradition der Qualität* charakterisierte. Vgl. François Truffaut: Eine gewisse Tendenz im französischen Film [1954]. In: ders.: *Die Lust am Sehen*, übers. und hrsg. Robert Fischer, Frankfurt am Main 1999, S. 295–313, hier S. 295.

Minderheitenkino bezeichneten Filmschaffens, das sich unter den Labeln des Frauenfilms, des queeren Kinos oder des Black Cinema mal mehr, mal weniger treffend zusammenfassen lässt.

Wenn dieser Zugriff auf das Kino und die Möglichkeiten des Filmemachens – nämlich die Umsetzung der eigenen individuellen Erfahrung auf der Leinwand – tatsächlich der Antrieb war, der die neuen Filme nunmehr hervorbrachte, so wäre zu überlegen, welche Lücke dann schließlich Mitte der 1970er Jahre entstand, auf die eine Abkehr vom Realismus hin zur Fantastik reagierte – was zunächst eben nicht Fantasy meint. Zum einen könnte hier, mit Blick auf eine zeitgleich in der Bundesrepublik geführte Debatte, vermutet werden, dass sich gemäß einer seit 1800 immer wieder in die Gegenwart drängenden romantischen Weltsicht (erneut) die Erkenntnis durchzusetzen begann, dass nicht nur die Seite des Wachen und Messbaren, des Sicht- und Festhaltbaren die Wirklichkeit charakterisiert, sondern es immer ein Mehr, einen Rest gibt, der sich in Fantasien und Träumen, Märchen und Mythen (gegebenenfalls gar der Religion und dem Glauben) auffinden lässt und damit ebenso einen Teil des eigenen Erfahrungshorizontes ausbildet.[6] Zum anderen aber rückt, weitaus weniger romantisch, gerade mit dem Kino Spielbergs und Lucas' ein anderer, aktueller Mythos ins Zentrum der Filme: der Mythos des Fernsehens, des Kinos und damit eben der audiovisuellen Medien. Stanley Cavells bereits oben zitiertes Statement, dass sich Filme immer auf andere Filme beziehen, müsste sodann um den Zusatz ergänzt werden, dass sich Spielbergs und Lucas' Filme immer auf jene Filme beziehen, die die Regisseure einst rezipiert wie geschätzt und damit schlicht in Erinnerung haben, es hier also auch um deren (und damit immer auch verbunden: unsere) Rezeptionserfahrungen geht.[7] Der verniedlichende wie auch despektierliche Vorwurf an das Kino Steven Spielbergs, dass es sich um ein kindliches (und damit möglicherweise auch naives) Filmschaffen handelt, ist insofern richtig, als dass es die Erfahrungen des eigenen Kindseins ins Zentrum rückt, die Rückschau des *Kindes mit der Kamera* auf eine andere (gar subjektiv konnotierte ‚bessere') Zeit behandelt – und damit Teil des kritischen Tenors ist, wie er auf das Kino unter Ronald Reagan angewendet wurde.[8] Dass eine solche Sichtweise rasch bei den Schlagwörtern des *Melancholischen* und *Nostalgischen*, aber auch einer möglichen positiven Konnota-

---

6 Zum möglichen Zusammenhang von Romantik und Fantastik vgl. Matthias Grotkopp / Tobias Haupts / Michael Wedel (Hrsg.): *Aufhebungen. Filmische Poetiken des Romantisch-Fantastischen*, Heidelberg 2022 (im Erscheinen).
7 Neben der eigenen Erfahrung mit dem Kino, auf welche u. a. die Regisseure der europäischen Erneuerungsbewegungen des Films nahezu mythisch rekurrieren, ist damit auch das Aufwachsen mit den Programmen des Fernsehens gemeint.
8 Vgl. das Unterkapitel *Die Rückkehr des Königs* in diesem Essay.

tion des *Konservativen* anlangt, liegt auf der Hand und wird später in Bezug auf die Affektpoetik der Fantasy noch weiter vertieft werden.[9]

Will man nun aber den Aufstieg des New Hollywood, wie jede Erneuerungsbewegung des Films nach 1945, als eine Bestrebung der je eigenen Generation nach Emanzipation sehen, so wird sie mit Lucas und Spielberg, die hier zwar prominent, aber immer auch stellvertretend für das US-amerikanische Filmschaffen ab den späten 1970er Jahren stehen, zu einem folgerichtigen Ende gebracht. Nun durfte die jüngere Generation selbst darüber entscheiden, wann sie (in ihren Filmen) ernst blieb und wann sie spielen wollte. Spielbergs Filmografie macht dies deutlich: Auf INDIANA JONES AND THE TEMPLE OF DOOM folgt THE COLOR PURPLE,[10] auf JURASSIC PARK folgt SCHINDLER'S LIST,[11] auf WAR OF THE WORLDS folgt MUNICH.[12] Fraglich bleibt somit jedoch, ob vor solch einem Hintergrund die kanonisierten Einschnitte der Filmgeschichte – erst das New Hollywood, dann das Blockbuster-Kino – noch aufrechterhalten werden können, schreibt sich die Geschichte der Emanzipation der Filmemacher ja über diese Zäsuren hinweg weiter. In Bezug auf die Fantasy wird noch aufzuzeigen sein, wie das von Hauke Lehmann so treffend beschriebene Moment einer Affektpoetik der Melancholie,[13] die seinen Thesen folgend das Kino des New Hollywood prägt, auch nach dem augenscheinlichen Umbruch Mitte der 1970er Jahre weitergetragen wird, hinein in das Kino der Reagan-Ära.[14]

George Lucas' Film steht nun prototypisch für den im vorherigen Abschnitt beschriebenen Wechsel innerhalb der Filmproduktion der Vereinigten Staaten. Der folgende kursorische filmanalytische Blick auf STAR WARS (USA 1977)[15] muss sich jedoch zwei entscheidenden Präfigurationen bewusst sein, die es in einer Auseinandersetzung stets kritisch zu hinterfragen gilt, um die nötige Distanz zum Gegenstand aufzubauen. Der Eingang der Filme in die moderne Popu-

---

9 Vgl. ebd. wie auch das Kapitel *Melancholie* in diesem Essay.
10 Vgl. INDIANA JONES AND THE TEMPLE OF DOOM [INDIANA JONES UND DER TEMPEL DES TODES] (USA 1984); THE COLOR PURPLE [DIE FARBE LILA] (USA 1985).
11 Vgl. JURASSIC PARK (USA 1993); SCHINDLER'S LIST [SCHINDLERS LISTE] (USA 1993).
12 Vgl. WAR OF THE WORLDS [KRIEG DER WELTEN] (USA 2005); MUNICH [MÜNCHEN] (USA / CAN / F 2005).
13 Vgl. Hauke Lehmann: *Affektpoetiken des New Hollywood. Suspense, Paranoia und Melancholie*, Berlin 2017, S. 184–209 sowie S. 244–254.
14 Zum Kino der Reagan-Zeit vgl. Steve Vineberg: *No Surprises, Please. Movies in the Reagan Decade*, New York (NY) 1993 sowie J. Hoberman: *Make my Day. Movie Culture in the Age of Reagan*, New York (NY) 2019; in beiden wird dem Zyklus der Fantasy wenig bis gar keine Aufmerksamkeit geschenkt.
15 Im Folgenden wird der Film mit seinem Premierentitel (STAR WARS) zitiert. Der Zusatz EPISODE IV wie auch der Untertitel A NEW HOPE [EINE NEUE HOFFNUNG] wurden erst 1981 hinzugefügt.

lärkultur hat seine Figuren selbst schon zu Ikonen transformiert, die aus diesen Zusammenhängen zunächst wieder herausgenommen werden müssen. So sind zum Beispiel die die Filme rahmenden Droiden C-3PO und R2-D2 eben nicht immer schon als C-3PO und R2-D2 zu deuten, sondern möglichst in einer Weise, wie sie 1977 den Zuschauern primär begegnet und erschienen sind.[16] Und gerade in Bezug auf 1977 gilt es, das um sie herum entstandene Franchise auszublenden, was neben den nachfolgenden Trilogien (1999 ff., 2015 ff.) auch das sogenannte *Expanded Universe*[17] betrifft. Was an dieser Stelle für STAR WARS postuliert wurde, gilt gleichsam nachfolgend für alle Filme des Zyklus.

Die Rahmung für das Publikum, STAR WARS im Kontext der Fantasy (oder gar des Märchens) zu verstehen, setzt der Film gleich zu Anfang selbst, folgt doch nach dem animierten Logo und der Fanfare[18] der *20th Century Fox*, welches mit Lichtdomen und Orchester an die vergangenen Premierespektakel des alten Hollywoods erinnern will, und dem grünleuchtenden Logo der *Lucasfilm* der Texteinschub: *A long time ago in a galaxy far, far away* . . . . – es war einmal (vgl. Abb. 1).[19] Mehr noch als es ohnehin der Rolle eines Regisseurs entsprach, präsentierte sich Lucas als Geschichten-, – oder, wenn man der Versuchung erliegen möchte: gar als Märchenerzähler –, der in seinem Film eine wichtige Linie etabliert, die das Genre bis zum Ende der nächsten Dekade prägen sollte. Gemeint ist damit die Entfaltung seiner Figuren, Welten und Geschehnisse, die die einzelnen Filme jeweils präsentieren. Diesen Figuren z. B. eine gewisse Form der Ambiguität zuzusprechen, mag zunächst irritieren. In STAR WARS wie auch den folgenden Filmen finden sich Charaktere, die selbst schon wie Stereotype dessen wirken, was man immer schon meint(e), über das Genre zu wissen. In Weiß gekleidete Protagonisten treffen auf schwarz gerüstete Antagonisten und erwecken so den Eindruck eines zum Kli-

---

16 Dieses Vorgehen wird besonders erschwert, da Lucas immer wieder Veränderungen an seinen Filmen vornahm, die weit über die üblichen Maßnahmen zur Konservierung wie Restaurierung hinausgingen. In historischer Perspektive ist es daher wichtig darauf zu achten, dass man der Version von 1977 relativ nah kommt. Aus dem Grund wird im Essay auch auf Timecode-Angaben aus den STAR-WARS-Filmen verzichtet.
17 Der Begriff des *Expanded Universe* umfasst alles, was nicht Teil der Filme ist (also Serien, Bücher, Figuren, Kartenspiele etc.).
18 Die *Fox*-Fanfare war so sehr integraler Bestandteil des Filmerlebnisses STAR WARS, dass deren Wegfall durch den Verkauf des Franchise an *Disney* mit Wehmut zur Kenntnis genommen wurde. Durch den Kauf der *Fox* durch *Disney* wiederum könnte diese nun vor den Filmen wieder ihren Platz finden.
19 Die Einblendung eines erklärenden, einführenden und die Welt charakterisierenden Textes gehört oftmals mit zum Genre.

schee erstarrten Genrewissens.[20] Die Ritter tragen güldene Rüstungen, die Zauberer einen Hut. Es bedarf dazu oft nicht einmal einer tiefergehenden Analyse, um festzustellen, dass die Rüstungen der Ritter kaum die ihr angedachte Funktionalität erfüllen und die Hüte der Zauberer von ihnen selbst zusammengeklebt wurden – die Oberfläche entlarvt sich so stets als eben solche.[21] In Jim Hensons LABYRINTH fasst ein sprechender Wurm in einer Warnung an die in das Reich des Koboldkönigs Jareth (David Bowie) eindringende Sarah (Jennifer Connelly) diese Essenz zusammen: Nichts ist, wie es scheint.

Abb. 1: STAR WARS: Das *Es-war-einmal* der Space Opera.

So, wie sich innerdiegetisch das in den Welten Gesehene wie Geschehene als (Ent-)Täuschung erweist, brechen auch außerdiegetisch in der Wahrnehmung der Zuschauer die Figuren und Erzählungen aus den als fix gedachten Rahmungen aus. Zunächst führt genau dies häufig zu einem (Rezeptions-)Gefühl der Gradlinigkeit, die den Filmen unterstellt wird, zu einem Eindruck hermeneutischer Eindeutigkeit, die dazu angetan ist, den negativen Kommentaren der Filmkritik in Bezug auf das Genre rechtzugeben; einer Filmkritik, die nicht nur in den 1980er Jahren die Filme als Spiegel politischer Prozesse misszuverstehen bereit war, zumal sie diese immer auf der falschen Seite der Geschichte positionierte. Diese vermeintliche Eindeutigkeit des Genres präsentiert George Lucas bereits in den ersten Szenen seines Films. Die Anfangsszene von STAR WARS ist filmhistorisch eng mit den Erfahrungen und Erinnerungen der Kinozuschauer verbunden.[22]

---

20 Bereits im ersten Film wird diese Zuordnung durch die weiße Rüstung der Storm Trooper unterlaufen.
21 Vgl. den Hut des Zauberers Schmendrick in THE LAST UNICORN [DAS LETZTE EINHORN] (USA / UK u. a. 1982, Jules Bass / Arthur Rankin Jr.).
22 Vgl. exemplarisch für die deutsche Rezeption: Michael Scholten / Wolf Jahnke (Hrsg.): *Es war einmal ... Mein erstes Mal STAR WARS. Prominente und Fans erinnern sich*, Marburg 2015.

Wird an die Erinnerung der zeitgenössischen Zuschauer appelliert, so adressieren diese das Moment der Überwältigung, kondensieren den Kern des Blockbusters wie auch den Weltentwurf der Space Opera[23] in einer einzigen Szene. Inszenatorisch gehen hier die Paratexte des Films, der Trommelwirbel des *20th Century Fox*-Logos vor dem tosenden Einsetzen der Musik, die den gelben Lauftext ankündigt, eine Einheit ein, die im Moment der Ruhe an ihrem Ende im abrupten, kurzen Moment der Stille einer Katharsis bedarf, die die Anspannung, die mit dieser Stille einhergeht, wieder auflöst.

STAR WARS beginnt so in zweifacher Weise im Weltraum: Nicht nur entflieht der Lauftext hinfort in die unendlichen Weiten des Alls, auch die eigentliche Handlung setzt in diesem Dunkel ein. Der Schwenk der Kamera nach unten – in den späteren Filmen bis zur Sequel-Trilogie wird diese Bewegung variiert – zeigt neben dem leeren Raum und einem hell leuchtenden Planeten für einen kurzen Moment: nichts. Diese Anspannung wird sodann durch eine Inszenierung der Überwältigung gebrochen, im affektiven wie narrativen Gehalt eindeutig. Eine Überwältigung, die sich innerhalb weniger Sekunden selbst wiederholt und gar überbietet.[24] Das bereits durch die Ausmaße der Leinwand – und diese Filme brauchen die Leinwand – als riesig zu charakterisierende Raumschiff wird von einem noch größeren Schiff angegriffen, bedrängt und schließlich, durch einen Traktorstrahl, einverleibt (vgl. Abb. 2). Damit wird innerhalb weniger Sekunden ein Konflikt etabliert, der durch die Situation der Größenverhältnisse wie auch den Assoziationsraum des Angriffs (man denke an die Chiffre *David gegen Goliath*) seine spätere narrative Entsprechung im von Obi-Wan Kenobi berichteten Kampf der Rebellion gegen das galaktische Imperium findet.

Abb. 2: Die Überwältigungsstrategien des Blockbusterkinos.

---

23 Zum Wandel der Space Opera zwischen Kino und Fernsehen (mit kurzen Ausführungen zur Literatur) vgl. Tobias Haupts: *Approaching Babylon.* JMS, BABYLON 5 und die Space Opera. In: Vincent Fröhlich / Lisa Gotto / Jens Ruchatz (Hrsg.): *Fernsehserie und Literatur. Facetten einer Medienbeziehung*, München 2019, S. 311–337.
24 Dabei gehört die Steigerungslogik in Bezug auf das Technische zum Kern des STAR-WARS-Franchise als Space Opera; vgl. Haupts: *Approaching Babylon*, S. 316.

Der Angriff des (größeren) Sternenzerstörers auf das kleinere Schiff der (noch) unterlegenen Rebellen zielt somit nicht nur auf den Gegner, sondern auch auf den Zuschauer; die Überwältigung der Attraktion soll einer wahrzunehmenden Ungerechtigkeit weichen, die in der folgenden Szene nunmehr weiter ausgebreitet wird. Im Inneren des Rebellenschiffs positioniert sich die schussbereite Besatzung vor einer Tür, durch die man den eindringenden Feind erwartet. Der Blick der Rebellen, die ungewiss auf die verschlossene massive Tür respektive in die Kamera schauen, ist somit gleich dem Blick des Zuschauers, der trotz des sich etablierenden Gefühls möglicher Vergeblichkeit auf einen Ausweg hofft, der hier bildlich versperrt ist. Auch hier endet die Anspannung mit einer Detonation, die feindlichen Truppen schweißen und sprengen die Tür auf und lassen aus dem Nebelschwaden des Draußen Laserschüsse auf die Rebellen niedergehen. Die Soldaten des Imperiums stürmen als personifizierter Tod das Raumschiff, ihr Aussehen gleicht Skeletten,[25] ihr Helm einem Totenschädel. Sie sind damit immer schon (un)tot; ihrer Individualität beraubt,[26] greifen sie nach jenen, die an Bord des Schiffs noch am Leben sind. Der Niederlage der Rebellen folgt der Auftritt des Antagonisten und der fortgesetzten Etablierung von Gut und Böse: Darth Vaders Einmarsch in die Gänge des Rebellenraumschiffs vollzieht den Gegensatz der hellen und dunklen Seite der Macht, der eigenen Mythopoetik des Films, dem Eindringen des Dunklen (das Schwarz der Person) ins Licht (die hellen Gänge des Raumschiffs). Vader selbst, dessen Maske, dabei ganz Kuleshov, für sein Gesicht, für seine Mimik und Emotionen herhalten muss, ist zwar noch lebendig, trotz eines Seins „more machine now than man"[27], steht aber dennoch für das Hereinbrechen des Todes in dieser und weiteren Szenen der Trilogie.[28] Die Geste seiner angewinkelten Arme wie auch sein schwarzer Umhang vergrößern seine Gestalt (vgl. Abb. 3); sein hörbares, zum *sonic icon* gewordenes Atmen steht nicht nur für eine dysfunktionale Körperlichkeit, sondern ist hörbares Momentum eines Daseins zwischen Leben und Tod.

---

25 Vgl. Christian Feichtinger: *Gegenkörper. Körper als Symbolsysteme des Guten und Bösen in* STAR WARS, Marburg 2010.
26 STAR WARS führt eine Inszenierungsform des Kriegsfilms, die Uniformierung der Soldaten und die daraus folgende Formierung eines Gruppenkörpers auf die nächstlogische Stufe.
27 Obi-Wan zu Luke Skywalker in: STAR WARS (USA 1977, GEORGE LUCAS).
28 Im Prequel ROGUE ONE: A STAR WARS STORY (USA 2016) unter der Regie von Gareth Edwards findet sich eine Umkehr der Korridorszene aus Episode IV, die nunmehr Darth Vader als erstes eintreten und die Rebellensoldaten töten lässt.

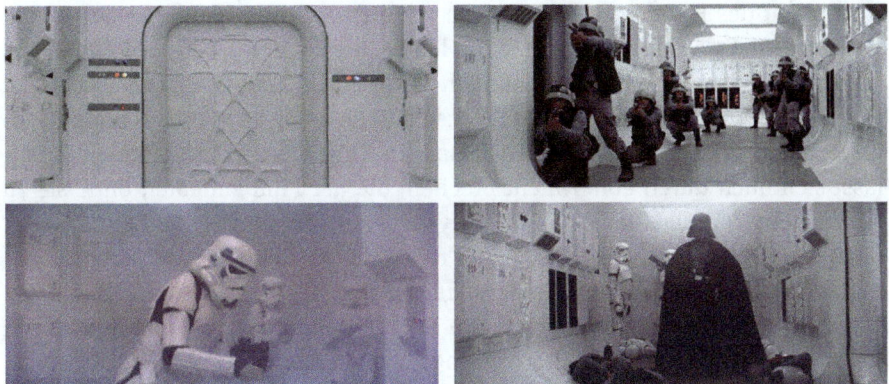

Abb. 3: Die Etablierung des Konfliktes im (audiovisuellen) Schuss-Gegenschuss-Verfahren.

STAR WARS arrangiert so schon zu Beginn des Films Figuren, die, dies wird ein Merkmal der Fantasy des Jahrzehnts sein, vollkommen klar und eindeutig erscheinen, nur um sie dann im weiteren Verlauf der Filme langsam aufzubrechen. Die Idee, dass Lucas mit seinem Film dem Kino des New Hollywood eine positive Geschichte entgegenhalten wollte, trägt demzufolge auch nur bis zum Ende des ersten Teils. Bereits die Fortsetzung THE EMPIRE STRIKES BACK (1980) ist wesentlich näher bei düsteren Filmen der 1970er Jahre. Die Filme des Fantasyzyklus folgen ebenfalls der Inszenierung einer zunächst oberflächlichen Vereinfachung. Die einzige Ausnahme, auf die noch zurückzukommen sein wird,[29] sind die Antagonisten der Filme, die meist aus der Eindimensionalität einfacher Zuschreibungen (hier eben des Bösen) nicht herausgelöst werden können.

Ein mögliches Aufbrechen dieser Zuschreibungen findet sich in STAR WARS, der wie viele Filme der 1970er und 1980er Jahre noch eindeutig an ein männlich-jugendliches Publikum adressiert war, in der Protagonistin des Films, in der Figur Prinzessin Leias.[30] Diese, ähnlich wie Luke Skywalker komplett in Weiß gekleidet,[31] wird bereits auf der Ebene der Handlung dem Klischee der zu rettenden Prinzessin (der *damsel in distress*) nicht gerecht. Zum einen ist sie für den Transport der Pläne des Todessterns, der Massenvernichtungswaffe des Imperiums, verantwortlich, die die Rebellion dringend braucht, um gegen die technologische

---

29 Vgl. dazu das Unterkapitel *Aufmarsch der Tyrannen* in diesem Essay.
30 Eine Cross-Gender-Identifikation fand im Kino der 1980er Jahren vor allem im Horrorfilm statt, wo die Protagonistin als *Final Girl* auch für männliche Zuschauer Möglichkeiten der Einfühlung anbot.
31 Leia wechselt gegen Ende des Films ihre Bekleidung. Das Kleid, welches sie bei der finalen Ehrung der Rebellen trägt, ist ebenfalls weiß.

Übermacht des Feindes eine Chance zu erhalten. Leias Reise, die in den ersten Minuten der Erzählung ein jähes Ende findet, ist somit der Kern des Films, aus dem heraus sich die Handlung entfaltet. An Bord des Todessterns wie schon bei ihrer Gefangennahme auf dem Rebellenschiff leistet sie nicht nur, zumindest argumentativ, Widerstand gegen Vader und die Offiziere des Imperiums, sondern lässt sich auch durch Folter nicht brechen, die der Film andeutet, ohne sie zu inszenieren. Im Gegenteil: Als Luke Skywalker sie aus ihrer Zelle befreien will, fängt die Kamera sie zwar gefangen im männlichen Blick des (kurzweilig begehrenden) Skywalkers ein, in dem sie sich lasziv auf der Pritsche ihrer Zelle räkelt, zeigt aber auch dort keine Angst.[32] Die Handlungsmacht geht somit erneut auf sie über, als der Plan der zu ihrer Rettung gekommenen Männer, Luke Skywalker und Han Solo, in einer sichtbaren Sackgasse des Gefängnisblocks verendet. Nicht die brachiale Gewalt Solos hilft so zur Flucht, sondern die situative Überlegenheit des Entkommens durch einen Müllschacht, den Leia, Luke den Blaster abnehmend, für die Gruppe öffnet.[33] Die Filme des Fantasyzyklus folgen der Vorlage von STAR WARS insofern, als auch sie zwar keine Mehrheiten an weiblichen Hauptfiguren inszenieren, ihnen aber innerdiegetisch eine größere Handlungsmacht zufällt und sie in ihrem Agieren oftmals mutiger inszeniert werden als ihre männlichen Gegenstücke.

George Lucas' STAR WARS unternimmt in seiner Funktion als Fantasyfilm eine raffinierte erzähltechnische Wende. Auch bei diesem Film könnte man der Versuchung erliegen, seine Form der Geschichte, die Entfaltung seiner Narration als offensichtlich, wenn nicht gar als naiv zu beschreiben. Tatsächlich reiht sich zu Beginn des Films eine Kontingenz an die nächste, seinen Anfang nehmend in der sichtlich irritierenden Szene der Flucht der beiden Droiden C-3PO und R2-D2 vom Bord des durch das Imperium zu Beginn des Films geenterten Schiffes. Statt im Inneren der Rettungskapsel zu bleiben, die erneut der (allzu menschlichen) Nervosität des Droiden C-3PO Raum gibt, inszeniert der Film einen Gegenschnitt in den Innenraum des Sternenzerstörers: Zwei Imperiale deuten die davonfliegende Kapsel als Ergebnis eines technischen Kurzschlusses, um so dem kurzen Impuls, die Kapsel zu zerstören, nicht nachzugeben. Wirkt diese Szene aufgrund der vorher dargelegten Machtverhältnisse höchst irritierend auf den Zuschauer, folgen weitere, weniger opake Momente innerhalb der Handlung, die sich erst durch das schließlich erreichte Ziel der beiden Droiden, die Botschaft der Prinzessin zu einem Mann namens Obi-Wan Kenobi zu bringen, ineinander-

---

[32] So empfängt sie den als Soldat des Imperiums verkleideten Luke mit den Worten: „Aren't you a little short for a stormtrooper?"
[33] Erst zum Ende des Films, bei der Siegerehrung der zurückgekehrten Helden, findet Leia in die Rolle der Prinzessin.

fügen. Lediglich die Offenbarung Kenobis, dass das Universum von einer alles verbindenden Macht (*Force*) durchdrungen ist, fügt die disparaten Stationen der Flucht der beiden Droiden zu einer sinnhaften Reise zusammen, auf der eben jene Macht dafür sorgt, dass sich völlig unwahrscheinliche Ereignisse doch ereignen können. Durch den Einsatz der Macht bei der Flucht Kenobis und Luke Skywalkers vor den „weak minded" Strumtruppen vom Planeten Tatooine, dem ersten Handlungsort des Films, wird die Ähnlichkeit der beiden Szenen (die Flucht der Droiden und die Flucht von Tatooine) deutlich. Die Offiziere an Bord des Sternenzerstörers handeln ebenso gegen ihre Agenda wie die von Kenobi überzeugten Wachen, ihn und Luke passieren zu lassen. Was in der Abfolge der Ereignisse noch als Wunder (oder eher: verwunderlich) aufgenommen werden konnte, erfährt daher eine Re-Kontextualisierung im Sinne der alles durchströmenden Macht, die so retrospektiv auf den Anfang des Films zurückgreift, als der Zuschauer selbst noch nichts von ihr wusste. Die Filme des hier betrachteten Fantasyzyklus entfalten selten ein derart geschlossenes Glaubenssystem wie das der Macht, doch sind auch sie geprägt durch den Rekurs auf Prophezeiungen und Schicksal, die jedwede kontingente Wendung der Handlung als Erfüllung selbiger erscheinen lässt. Ihre Vorhersagen scheitern nie, nur der Preis, der für sie entrichtet wird, variiert.[34]

STAR WARS als Beginn[35] des Fantasyzyklus zu betrachten, könnte mit dem Gegenargument bedacht werden, dass es sich bei dem Film um eine moderne Form der Space Opera handelt. Dies ist zweifelsfrei richtig, doch stand die Poetik der Space Opera bereits in ihren ersten Inszenierungen auf der Leinwand in den 1930er Jahren jener der Fantasy näher als der Science-Fiction, welche sich im US-amerikanischen Kino erst in den 1950er Jahren ausdifferenzierte. Die Ursprünge der Space Opera liegen, wo es um ihre literarischen Wurzeln geht, im Bereich des Seriellen und in der Praxis der Pulp-Magazine,[36] im Kinoserial in Bezug auf die Leinwand. Zwar ließe sich durchaus die Wiederkehr der Space Opera[37] im Kino der späten 1970er bis Mitte der 1980er Jahre gemeinsam mit

---

[34] Vgl. dazu das Unterkapitel *Tolkiens Theologie* in diesem Essay.
[35] Die Zeichentrickverfilmungen des LORD OF THE RINGS für den Beginn des Zyklus anzusetzen, würde zu kurz greifen, da diese eher noch als ein letztes Anzeichen einer zurückliegenden Tolkien-Begeisterung zu begreifen sind. Vgl. THE LORD OF THE RINGS [DER HERR DER RINGE] (USA / UK / E 1978, Ralph Bakshi).
[36] Vgl. hier u. a. Brian Stableford: Space Opera. In: John Clute / Peter Nicholls (Hrsg.): *The Encyclopedia of Science Fiction*, New York (NY) 1995, S. 1138–1140 sowie Andy Sawyer: Space Opera. In: Mark Bould / Andrew Butler / Adam Roberts / Sherryl Vint (Hrsg.): *The Routledge Companion to Science Fiction*, London 2009, S. 505–509.
[37] Der Ort des Genres ist, bis zur Fortsetzung des STAR-WARS-Franchise 1999, ab Ende der 1980er Jahre das Fernsehen.

dem hier betrachteten Zyklus nachzeichnen, beginnt doch auch damit ein Zyklus, der gleichsam um 1987/88 ein Ende findet, jedoch sollen die entsprechenden Filme hier eher als Randverweise dienen, die zuweilen die analytischen Befunde vertiefen mögen. Denn während die Space Opera, mit der Ausnahme von STAR WARS, unter anderem den Aspekt des *Coming-of-Age* weniger, zuweilen auch gar nicht ins Zentrum des Narrativs rückt, teilt sie mit der Fantasy ihren Hang zum visuellen Exzess und dies in doppelter Hinsicht: einmal in Form dessen, was die Filmkritik zuweilen als Kitsch[38] bezeichnen würde, d. h. eines Überangebots an dominanten Inszenierungsformen, einem Zuviel im Bereich spezieller Aspekte filmischer Gestaltung; und zum anderen in Form ihres audiovisuellen Überhangs, der vom Moment des Kitsches zu unterscheiden ist. Die Space Opera im Allgemeinen, und STAR WARS im Besonderen, teilt mit der Fantasy (und manche Kritiker mögen meinen: mit dem Kino der 1980er Jahre im Ganzen) jedoch noch ein anderes Moment: ihr vermeintliches Aufgehen in einer kulturgeschichtlichen Masterthese, für die die Arbeiten des Mythenforschers Joseph Campbell Pate standen.

Die Bürde der Fantasy: Joseph Campbells Genretaxonomien

Die (film-)wissenschaftliche Auseinandersetzung mit dem Genre der Fantasy unterliegt neben einer pejorativen Einstellung aufseiten der Filmkritik und -publizistik einer zweiten Bürde. Diese teilt sie mit dem Genre des Horrorfilms. Fantasy und Horror ist gemein, dass zu ihnen seit den 1980er Jahren Masterthesen formuliert und in den folgenden Jahren gefestigt wurden, auf die nicht wenige Arbeiten zurückgreifen – und dies bis heute. Diese Masterthesen dienen als Blaupausen, die über Bücher, Filme und Serien gelegt werden, ohne deren grundlegenden Voraussetzungen überhaupt erst richtig oder, vorsichtiger formuliert, überzeugend ausformuliert zu haben. So perpetuieren sie sich und präsentieren Horror und Fantasy damit als ein abgeschlossenes System, das keine Reibung, keine Überraschung und kein Ausscheren erlaubt, sondern stets nur zu dem zurückführt, was diese Thesen immer schon über den Gegenstand gesagt haben. In der Arbeit mit ihnen kristallisiert sich der schlechtmöglichste Umgang mit jedweder Form von Theorie heraus, nämlich mittels des Films

---

38 Kitsch ist somit ein Merkmal, das auch in einer kleineren Reihe unter dem Label der Space Opera zu summierender Filme Mitte der 2010er Jahre wiederzuentdecken ist. Vgl. hier JUPITER ASCENDING (USA / AU 2015, Lana Wachowski / Lilly Wachowski) sowie VALERIAN AND THE CITY OF A THOUSAND PLANETS [VALERIAN – DIE STADT DER TAUSEND PLANETEN] (F u. a. 2017, Luc Besson).

(oder eines anderen Mediums) die Theorie zu bebildern, statt anhand der Theorie den Gegenstand besser durchdringen zu können. Erschwert wird der kritische Umgang mit diesen Thesen durch den Umstand, dass sie in ihrer Einfachheit und der damit verbundenen Aussicht, zu einem Ende, einer Letztbegründung zu kommen, allzu verführerisch wirken – zuweilen auch sehr zum Schaden ihres Potenzials, das durchaus erhellend auf die Beschäftigung mit den Genres Einfluss nehmen könnte.[39]

Letzten Endes, und dies verrät schon die Überschrift des Unterkapitels, führen diese Masterthesen in eben jenes Genreverständnis, dem die vorherigen wie auch folgenden Ausführungen widersprechen. Robin Woods[40] psychoanalytisch-marxistischer Ansatz, der in den Schrecken des (modernen) Horrorfilms die Rückkehr des Verdrängten und Marginalisierten erkennt, offenbart das ohnehin verführerische Moment psychoanalytischer Analysemethoden, erscheinen sie doch oft derart evident und zustimmungswürdig, dass sie als System kein Außen mehr erkennen lassen.[41] Das (neue) Monster, welches in Woods politischer Lesart der US-amerikanischen Horrorfilme der 1970er Jahre als Zombie, Redneck oder Serienmörder agiert, markiert den eruptiven Ausbruch des von der Gesellschaft Unterdrückten: des Arbeiters, der Frau, des Homosexuellen oder des Afro-Amerikaners. Dort, wo Woods Thesen nicht mehr nur politisch, sondern moralisch verstanden werden, erscheinen sie neben ihrer augenscheinlichen Simplizität doppelt attraktiv.[42]

Was der Rekurs auf die Thesen Robin Woods für den Horrorfilm ist, markiert im Fall der Fantasy die Arbeiten des Literaturprofessors und Mythenforschers Joseph Campbell. Dessen Buch *The Hero with a Thousand Faces*[43] erschien zwar bereits 1949, wurde aber erst mit George Lucas' STAR WARS als universelle Schablone für das Genre, und, wie manche Kritiker meinen, für das Drehbuchschreiben

---

39 Vgl. zu einem solchen Ansatz die Arbeit von Christian Knöppler: *The Monster Always Returns. American Horror Films and Their Remakes*, Bielefeld 2017.
40 Vgl. Robin Wood: *Hollywood from Vietnam to Reagan ... and Beyond. Expanded and Revised Edition*, New York (NY) 2003 [1986], S. 63–84.
41 Gerade solche Methoden sehen im zu analysierenden Gegenstand nur noch jene Aspekte, die die Theorie der Masterthese (wie eben die Psychoanalyse) zu bestätigen scheinen und verkennen die Punkte einer möglichen Reibung, die meist die besten Ergebnisse in einer tiefergehenden Auseinandersetzung garantieren.
42 Spannend ist hierbei, dass Wood in seiner politischen Argumentation dem US-amerikanischen Horrorfilm der 1980er Jahre, und damit verbunden dessen Hinwendung zur Fantastik, ablehnend gegenübersteht. Vgl. Wood, *Hollywood from Vietnam to Reagan*, S. 168 ff.
43 Vgl. hier die deutsche Übersetzung Joseph Campbell: *Der Heros in tausend Gestalten* [1949], Frankfurt am Main 1953.

im *System Hollywood* in Gänze etabliert.⁴⁴ Die Lektüre der Arbeiten Campbells durch George Lucas sind belegt, ebenso wie eine Zusammenarbeit zwischen Lucas und Campbell in den 1980er Jahren,⁴⁵ und Lucas war in den 1980er Jahren neben seiner eigenen Trilogie an mindestens zwei weiteren Filmen des Zyklus in unterschiedlichen Funktionen beteiligt.⁴⁶ Campbell greift für seine Arbeiten zur vergleichenden Mythen- und Religionsforschung auf die Psychoanalyse zurück, maßgeblich auf die Ausführungen Sigmund Freuds zur Traumdeutung und die Archetypenlehre des ehemaligen Freud-Schülers Carl Gustav Jung. Im Zentrum von Campbells Überlegungen steht der ewige und damit überzeitliche Mythos, auf den, so seine These, der Mensch durch äußere wie innere Strukturen zurückgreifen konnte und, unter den Vorzeichen und Einschränkungen der Moderne,⁴⁷ weiterhin kann. Über die Traditionen der Erzählung, der Weitergabe des einen sinnstiftenden Narrativs von einer Generation an die nächste wird der Mythos (medial) vererbt: gewissermaßen in der Transformation der Lagerfeuergeschichte zum Buch und vom Lichtspieltheater hin zur Erzählung, die den Menschen über das Display des eigenen Smartphones erreicht – wobei mediale Differenzen hier gänzlich außen vor bleiben. Doch neben dieser externen Konfrontation mit dem Mythos kann das Individuum durch seine Träume selbst auf den Kern dieser Geschichte zugreifen, sie in sich finden und eigenständig deuten.⁴⁸ Campbell argumentiert, dass all die Schöpfungsgeschichten und Heldenmythen, die in seinen Ausführungen in der Reise des Helden kulminieren, einen überzeitlichen Kern ausmachen, der sich im Vergleich der einzelnen Erzählungen freilegen lässt. So ist es nahezu unerheblich, ob der Mythos vor zweitausend oder tausend Jahren an völlig unterschiedlichen Enden der Welt als Erzählung geboren wurde; was zählt, sind die von Campbell entdeckten, darin gleichbleibenden Elemente.

Nun soll hier nicht der mögliche Wert oder Unwert⁴⁹ der Thesen Campbells für die vergleichende Mythenforschung und Religionswissenschaft beurteilt werden, sondern inwiefern seine Thesen das Phänomen Fantasy zu erklären vermögen oder es verunklaren. Problematisch erscheint bereits die doch weitgehende Geschlossenheit des Systems *Mythos*, das aufgrund seiner Überzeitlichkeit nicht

---

44 Vgl. Richard Blank: *Hollywood, Goodbye! Plädoyer für eine eigenständige Filmkunst*, Berlin 2015.
45 Vgl. auch die zahlreichen populärwissenschaftlichen wie publikumsorientierten Bücher zum Zusammengehen von STAR WARS und Mythos.
46 So war Lucas am Drehbuch für WILLOW wie auch als ausführender Produzent an LABYRINTH beteiligt.
47 Vgl. Campbell: *Der Heros in tausend Gestalten*, S. 347 ff.
48 Vgl. Campbell: *Der Heros in tausend Gestalten*, S. 11 ff.
49 Auch der Wert oder Unwert der Thesen Woods soll hier nicht diskutiert werden, sondern deren Allgemeingültigkeit durch ihre Anwendung.

mehr in ein Gestern und Heute zu trennen ist und so jede zeitliche Spezifik vermissen lässt, die aus anderen wissenschaftlichen Gebieten und Nachbardisziplinen auf die Argumentationen Campbells einwirken könnte. Wird diesen Thesen nun tatsächlich als anthropologische Konstante eine bestimmte Überzeitlichkeit attestiert, so ist ihr mit möglichen Einwänden der Historiografie schwer beizukommen. Zugespitzt formuliert: Laut George Lucas' Biografie hat dieser erst nach der Fertigstellung des ersten STAR WARS 1977 Campbells Buch zur Mythenforschung zu Hand genommen, sein Einfluss auf die folgenden Teile der Trilogie sind also, die Richtigkeit der Information annehmend, gesichert.[50] Campbells Exegeten könnten nun argumentieren, dass dies nicht relevant sei, da auch Lucas als Teil der Menschheit immer schon mit dem Mythos konfrontiert sei respektive durch sein eigenes Innerstes zu ihm Zugang gehabt habe. Doch geht es hierbei nicht um das spitzfindige Ausspielen historischer Details, sondern um das Gegeneinander von historisch und ahistorisch als solches. Problematisch ist nun, dass Campbells Argumentationen in Bezug auf die Fantasy zu einer Schablone formiert werden, welche auf jene Filme zu legen ist, die man immer schon meinte, der Fantasy zurechnen zu müssen. Campbells begriffliches Inventar, wie unter anderem die so häufig bemühte Heldenreise, wird so zu einem (zweiten) Genre transformiert, was die bereits zitierte Kritik Kappelhoffs an taxonomischer Genreforschung ein weiteres Mal notwendig macht. So geht es nun nicht mehr nur um Merkmale eines als Fantasy bezeichneten Genres, sondern auch um die Applikation einer Masterthese, die dem zusätzlich anbei gestellt wird; oder anders formuliert: Zu den möglichen Taxonomien des Genres werden nunmehr noch die Merkmale campbellscher Mythentheorie hinzugefügt. Die Liste der Genreeigenschaften, die es abzuhaken respektive zu erstellen gilt, wird so noch einmal erweitert.[51] In Bezug auf das Buch, die Erzählung, den Film und die Serie treten damit nicht nur einzelne (Genre-)Charakteristika in den Vordergrund, sondern werden ergänzt durch Stationen dessen, was Campbell am Beispiel der überzeitlichen, weil allgemeingültigen Heldenreise zu entfalten versucht hat. Ein solcher Ansatz wiederholt nicht nur die Simplifizierung des Genrebegriffs, indem mögliche mediale, inszenatorische und zeitliche Spezifika in den Hintergrund geraten, wie am Beispiel der historischen Poetik nach Kappelhoff und Grotkopp aufgezeigt wurde, sondern reduziert das Fantasygenre auf eine sich ständig wiederholende Abfolge von immer schon bekannten Merkmalen, die nur den Zweck haben, sich selbst zu bestätigen.

---

50 Vgl. Brian Jay Jones: *George Lucas. Die Biografie*, Hamburg 2017, S. 237. Laut Register der Biografie kommt Joseph Campbell in diesem 463 Seiten umfassenden Buch nur ein einziges Mal vor.
51 Aufbereitet zu sehen im Publikumsbuch: Andreas Rauscher: *Star Wars. 100 Seiten*, Ditzingen 2019, S. 43.

Campbell selbst wiederum argumentiert nicht so überzeitlich und ahistorisch, wie es zunächst den Anschein haben könnte, reagiert er im letzten Teil seines Buches doch schließlich auf die Krise des Mythos, die nicht erst in der Moderne das Potenzial hat, den Menschen von diesen Geschichten zu entfremden – und die, möchte man ergänzen, durch das Aufkommen neuer Medien und die alltägliche Verseuchung und Zirkulation neuer Bilder durchaus nochmalig zu bewerten wäre.⁵² Ziel der Ausführungen ist es daher ausdrücklich nicht, einzelne Thesen Campbells oder seiner sich auf die Fantasy beziehenden Exegeten völlig außen vor zu lassen. Während ihre eigentliche produktive Kraft anderenorts noch offenzulegen wäre, erklärt sich ihr häufiger Einsatz mit der generellen Hinwendung des Kinos der 1980er Jahre zum Fantastischen; diese erschöpft sich in der Dekade nicht nur am aufgezeigten Beispiel des US-amerikanischen Kinos, sondern wäre auch in anderen nationalen Kinematografien in einer Hinwendung zum Transzendenten zu finden. Während so zum Beispiel auch im bundesdeutschen Kino kleinere Strömungen im Bereich des Horrors, der Science-Fiction und gar der Fantasy aktuell werden, wendet sich das Autorenkino religiösen Themen zu, von denen die Arbeiten von Jean-Luc Godard, Krzysztof Kieślowski oder Wim Wenders⁵³ nur einige Beispiele darstellen, die nicht auf eine Agenda der einzelnen Filmemacher rückschließen lassen, sondern auf eine Strömung innerhalb des zeitgenössischen Kinos verweisen wollen.⁵⁴ Campbell könnte daher dort einen Wert aufweisen, wo es um den religiösen Gehalt der Filme und seine filmtheoretische wie -analytische Durchdringung geht – und damit wären sowohl die genannten Autorenfilmer wie auch der Fantasyfilm adressiert. Campbell wäre so ein möglicher Einstieg für ein religionswissenschaftliches (und im zweiten Schritt gar theologisches) Vokabular, das es ermöglichen würde, tiefergehende Analysen zu diesen Filmen angehen zu können, die sich nicht im Abhaken von Listen erschöpfen – und seien diese auch noch so wortreich ausformuliert.

---

52 Vor diesem Hintergrund wäre durchaus interessant, wie das Gegeneinander der alten gegen die neuen Götter durch Campbells Theorie zu beschreiben wäre; televisuell aufbereitet u. a. in der Adaption des Neil Gaiman-Romans *American Gods* (2001) durch Amazon (2017–2021); dort erzählt respektive inszeniert im Gegeneinander des nordischen Gottvaters Odin und der göttlichen Inkarnationen der Finanzen, des Fernsehens u. a.
53 Vgl. Godards „Je vous salue, Marie" [Maria und Joseph] (CH / F 1984), Kieślowskis Bez końca [Ohne Ende] (PL 1985) und Wenders' Der Himmel über Berlin (BRD 1987).
54 Die Inszenierungen einer stillen Fantastik, wie Michael Wedel sie beschreibt, wären dabei noch nicht einmal hinzugenommen. Vgl. Michael Wedel: Jenseits von *Nosferatu*: Formen ‚stiller' Fantastik bei F. W. Murnau. In: Meike Uhrig / Vera Cuntz-Leng / Luzie Kollinger (Hrsg.): *Wissen in der Fantastik. Vom Suchen, Verstehen und Teilen*, Wiesbaden 2017, S. 95–105.

Sicher, dort, wo sich unter anderem George Lucas explizit auf die Arbeiten Campbells bezieht, wäre durchaus zu überprüfen, welche Form von Transfer zwischen der Idee und dem Konkreten vorzufinden ist, jedoch niemals verbunden mit dem Ziel einer angestrebten Kongruenz der beiden, die sich damit zufriedengibt, die Stationen zu identifizieren, die die Theorie (Campbell) dem Gegenstand (hier der Fantasy) vermeintlich aufgetragen hat. Der Rekurs auf Begrifflichkeiten wie die *Rites de Passage* im Kontext eines möglichen *Comig-of-Age*-Aspektes in den hier betrachteten Filmen kann daher zwar die Theorien Campbells aufrufen, soll aber explizit nicht an diese gekoppelt respektive durch ihn (abschließend) erklärt werden. Ziel wäre so vielleicht, und dies mag für einen großen Zweig der Fantastikforschung gelten, dieses (zweite) einengende Korsett der Genretaxonomien hinter sich zu lassen. Oder wie es der deutsche Drehbuchautor der UNENDLICHEN GESCHICHTE (BRD / USA 1984), Herman Weigel, in der Dokumentation DIE GESCHICHTE DER FANTASY (2019) formuliert hat: „Ich glaube an die Heldenreise ja überhaupt nicht. Ich glaube, dass die Heldenreise das größte Unglück der Fantasyliteratur und des Fantasyfilms überhaupt [ist]."[55] Dass Weigel damit die Argumentation der genannten Dokumentation, die sich in mehr als einem Aspekt auf Joseph Campbells Einfluss auf das Genre bezieht, empfindlich getroffen hat, muss so hingenommen werden. Eine Alternative bietet die Sendung nicht.

Die Rückkehr des Königs: Ronald Reagan

Die „Rückkehr des Königs"[56] begann – für die Fantasy keineswegs unüblich – mit einer Karte. Bei der 49. Wahl des Präsidenten der Vereinigten Staaten von Amerika am 4. November 1980 offenbarte die gezeigte Grafik nahezu Einigkeit. Die vereinzelten blauen Flecken auf der Illustration, die die Stimmenmehrheit der Demokraten und damit auch die des amtierenden Präsidenten James Earl ‚Jimmy' Carter in einzelnen Bundesstaaten darstellten, gingen in einem Meer aus dem Rot der herausfordernden Republikaner nahezu unter. Die Wahl Ronald Reagans, in der manche die perfekte Verschmelzung von Hollywood und Washington erahnten, markierte einen politischen Wechsel in den 1980er Jahren, der sich unter dem Schlagwort des Konservativismus zusammenfassen lässt. Und wenngleich ‚konservativ' als politische Zuschreibung in den USA nicht gleichzusetzen ist mit der Idee des Konservativen in Großbritannien unter

---
55 DIE GESCHICHTE DER FANTASY. TEIL 1: MUTIGE HELDEN; R: Viola Löffler, D 2019, TC: 00:12:56 ff., Schnittfassung arte.
56 So David Butler in: DIE GESCHICHTE DER FANTASY. TEIL 1: MUTIGE HELDEN (D 2019, Viola Löffler), TC: 00:26:50, Schnittfassung ZDF.

Margaret Thatcher ab 1979 oder der Bundesrepublik Deutschland, wo 1982 respektive 1983 die Wahl des CDU-Politikers Helmut Kohl zum Bundeskanzler das Programm der geistig-moralischen Wende vorantreiben sollte (wenn auch eher in der Theorie statt Praxis), so bleibt es doch ein distinktives wie hineingelesenes Merkmal der Kultur und damit auch des Kinofilms der 1980er Jahre.[57]

Innerhalb des Kinos der Dekade nunmehr auch den Fantasyzyklus als konservativ zu bezeichnen, zeugt daher von einer gewissen Redundanz, wäre er doch, folgt man dieser Zuschreibung, immer schon Teil einer (augenscheinlich) konservativ geprägten Kultur. Norbert Stresau war bereits in der Einleitung seiner Monografie zum Fantasyfilm erstaunlich weitsichtig, selbst wenn er den zeitgenössischen Vorwurf gegen die Filme zunächst wiederholte: „Politisch ist Fantasy eine sehr konservative Gattung, die jedoch nicht in die ‚rechte', sondern in die ‚grüne' Richtung geht. Und eben deshalb ist sie heute [1984] populärer als je zuvor."[58] Stresau, in seiner Sicht vielleicht mehr von den politischen Ereignissen der Bundesrepublik geprägt,[59] hat mit dieser Aussage eine Figuration des Genres im Blick, die sich hierbei nun selbst in eine Aporie argumentiert. Lässt man die politischen Zuschreibungen in Stresaus Aussage außen vor und nimmt den Begriff etymologisch auf, so wird rasch deutlich, dass ein Genre in seinem Ausspielen von Differenz und Wiederholung eben selten konservativ sein kann, braucht es doch zu einem bestimmten Zeitpunkt Veränderungen, um weiterhin für potenzielle Zuschauer attraktiv bleiben zu können. Für den Zyklus der 1980er Jahre muss der Vorwurf des Konservativen, wenn nicht negiert, so doch zumindest angepasst werden, so man gewillt ist, ihm ernsthaft zu begegnen.[60] Denn zentrales Element der Narration nahezu eines jeden Films innerhalb des Zyklus ist das Moment des Abschieds, des Gewahrwerdens einer Veränderung, die nicht aufzuhalten ist, sondern Anpassung oder Revolte verlangt.[61] Das, was also innerdiegetisch bewahrt werden soll, ist nicht vergleichbar mit dem *Status quo ante*, der in den Filmen nur als Mythos, Erzählung und

---

[57] Die Auseinandersetzung mit dem Begriff des Konservativen ist vor allem dort schwierig, wo es nicht mehr nur um die Filme geht, sondern um eine pejorative Form der Zuschreibung, die rasch dazu verführt, moralisch zu argumentieren.
[58] Norbert Stresau: *Der Fantasy Film*, München 1984, S. 7.
[59] Die Partei der Grünen wurde 1980 in der Bundesrepublik gegründet und schaffte 1983 erstmals den Einzug in den Bundestag.
[60] Vgl. hierzu das Unterkapitel *Tolkiens Theologie* in diesem Essay.
[61] Vgl. dazu die Kapitel *Dekadenz* und *Melancholie* in diesem Essay.

fernes Echo aufzuspüren ist.[62] Und doch gilt es, etwas zu bewahren (zu konservieren), was in seiner drohenden oder bereits vollzogenen Marginalisierung auf Ebene der Figuren das Motiv der Hoffnung mit in die Filme hineinbringt.[63] Restauration ist somit kein (politisches) Programm der Filme, auch wenn diese Deutung nur allzu verführerisch wirkt.

Nach den möglichen Einflüssen, die nun die Wahl des neuen Präsidenten auf den US-amerikanischen Film genommen haben mag, fragt unter anderen die Filmwissenschaftlerin Susan Jeffords in ihrem Artikel *Back to the Future. Hollywood and Reagan's America*[64]. In Reagans Amtsantritt verbindet sich nicht nur, so Jeffords, das wirtschaftspolitisch Neue der *Reagan Revolution*[65], sondern auch der Rückblick in eine *gute, alte Zeit*, hier der späten 1930er und 1940er Jahre,[66] die mit Reagans Auftritten als Schauspieler in den Filmen Hollywoods verbunden sind. Der neue (alte) Mann an der Spitze, die Änderungen in der Wirtschaftspolitik sowie eine öffentliche Debatte über Werte, Moral und Anstand sollten so die Gesellschaft der Vereinigten Staaten *zurück in die Zukunft* führen.[67] Die Idee, dass durch den Rückbezug auf die Vergangenheit auch alte Wertvorstellungen an neuer Aktualität gewinnen würden, die bereits in den 1980er Jahren anachronistisch wirkten, ist in doppelter Hinsicht mit Vorsicht zu betrachten. Nicht selten dient ein solcher Blick der Herabsetzung dieser Werte durch deren Charakterisierung als das Vergangene – und damit implizit auch des Antiquierten. Mehr noch aber wirft eine derartige Aussage die Frage auf, wie diesen Befunden nachzugehen wäre, eignen sie sich doch in besonderer Weise, die Inszenierung gesell-

---

62 Die STAR-WARS-Prequel-Trilogie (1999 ff.) wie auch die Prequelserie zu DARK CRYSTAL, THE DARK CRYSTAL: AGE OF RESISTANCE [DER DUNKLE KRISTALL: ÄRA DES WIDERSTANDS] (USA 2019, Jeffrey Addiss / Will Matthews), widmen sich der Entfaltung dieses *Status quo ante*, selbst wenn die Veränderungen hin zum Schlechten in ihnen schon deutlich sichtbar sind.
63 Vgl. dazu das Kapitel *Hoffnung* in diesem Essay.
64 Susan Jeffords: Back to the Future. Hollywood and Reagan's America. In: Cynthia Lucia / Roy Grundmann / Art Simon (Hrsg.): *The Wiley-Blackwell History of American Film*, Vol. IV: *1976 to the Present*, Chichester 2012, S. 195–209.
65 Vgl. Jeffords: Back to the Future, S. 195 sowie Gil Troy: *The Reagan Revolution: A Very Short Introduction*, Oxford 2009.
66 Jeffords argumentiert für die 1930er Jahre, die jedoch – auch im Bezug zum Hollywood-Kino – im Zeichen der Weltwirtschaftskrise standen und sich als ein seltsam verklärter Sehnsuchtsort erweisen müssten. Vgl. dazu Jeffords: Back to the Future, S. 195 sowie Thomas Christen: Das Kino des New Deal. In: ders. (Hrsg.): *Einführung in die Filmgeschichte*, Bd. 1: *Von den Anfängen des Films bis zum Ende des Zweiten Weltkrieges. Der internationale Film von 1895–1945*, Marburg 2020, S. 318–350.
67 Vgl. Jeffords: Back to the Future, S. 199 ff.

schaftlichen Lebens (wie im Kino) mit der Wirklichkeit zu verwechseln.[68] Jeffords knappe Ausführungen sehen vor allem in zwei Aspekten der Reagan-Amtszeit Motive, die sich in den Filmen der Dekade wiederfinden lassen.[69] Anders als das Kino des New Hollywood verzichtet der Film der 1980er Jahre auf Ambivalenzen. Die Nicht-Unterscheidbarkeit in Freund und Feind, die innerfilmisch geradewegs in ein Klima ständiger Paranoia führt,[70] wird nunmehr aufgegeben für eine in Schwarz-Weiß gezeichnete Welt, die die Dichotomien der bipolaren Verhältnisse für jeden deutlich erkennbar hervortreten lässt. Das von Reagan in der letzten Phase des Kalten Krieges genutzte Schlagwort des *Evil Empire* adressiert somit nicht nur die Sowjetunion als das Reich des Bösen hinter dem Eisernen Vorhang, sondern zugleich auch das böse (galaktische) Imperium der STAR-WARS-Filme (und vice versa).[71] Bezogen auf den Zyklus der Fantasy ist, wie bereits beschrieben, richtig, dass er Formen der Ambivalenz gleichfalls nicht in dem Ausmaße zulässt, wie es der US-amerikanische Film eine Dekade zuvor tat, diese aber auch hier nicht vollkommen abwesend sind.

Mehr noch aber sieht Jeffords in Reagans paternalistischem Politikstil seine (mediale) Inszenierung als Vater(-figur) als immanent wichtig an: der Vater (eben Reagan), der sich nicht nur um die Nation sorgt und sich dem Bösen in den Weg stellt,[72] sondern als zentrale Figur in den Filmen der Dekade wiederzufinden ist.[73] Jeffords Ansatz, und vorher auch indirekt Stresaus, ähnelt hierbei, ohne dies explizit aufzuführen oder es in seinen Konsequenzen zu durchdenken, der These Siegfried Kracauers, dass sich in den Filmen einer Gesellschaft ein psychologisches Dispositiv ablesen ließe, welches es erlaube, affirmative Aussagen über die Menschen einer spezifischen Zeit treffen zu können. Heuristisch wäre Jeffords durchaus zuzustimmen, dass sich in den Blockbustern der Hollywoodstudios, und um diese geht es ihr, Handlungen um und an Vaterfiguren oder deren Surrogaten entlang entfalten; evident wird dies an den beiden Trilogien STAR WARS (1977–1983) und BACK TO THE FUTURE (1985–1990), den Filmen der ROCKY- und RAMBO-Reihe[74] wie auch am dritten Teil des INDIANA-JONES-

---

[68] Ähnliche diskursive Zuschreibungen finden sich auch in Bezug auf die bundesdeutsche Filmgeschichte der 1980er Jahre und den angeblich konservativen Kern der Kultur.
[69] Stärker ausformuliert hat Jeffords ihren Blick auf das Jahrzehnt in *Hard Bodies. Hollywood Masculinity in the Reagan Era*, New Brunswick (NJ) 1994.
[70] Vgl. Lehmann: *Affektpoetiken des New Hollywood*, S. 119 ff.
[71] Man denke hier auch an die von Reagan angeordnete *Strategic Defense Initiative* mit dem Kurznamen *Star Wars*.
[72] Am 30. März 1981 wurde in Washington, D.C. auf Ronald Reagan ein Attentat verübt.
[73] Vgl. Jeffords: *Back to the Future*, S. 198 f.
[74] Bei ROCKY und RAMBO handelt es sich jeweils um das Surrogat des Vaters in Gestalt des Trainers Mickey bzw. des ehemaligen Ausbilders Colonel Trautman.

Franchise (1989). Doch genügt es, dies allein an Ronald Reagans Amtszeit und den damit verbundenen gesellschaftlichen Diskursen festzumachen, eben weil diese Entwicklung schon vor den 1980er Jahren ihren Anfang nahm? So erschien der erste Teil der originalen STAR-WARS-Trilogie bereits 1977, in der Amtszeit Jimmy Carters. Lukes Vater, dessen *Rest* sich erst im zweiten Teil im Antagonisten Darth Vader[75] offenbart, bleibt in ihm eine Leerstelle, die Instanz des Vaters wird (dysfunktional) von seinem Onkel Owen und (wenngleich auch nur kurz) seinem Mentor Obi-Wan Kenobi übernommen. Erst THE EMPIRE STRIKES BACK (1980) rückte die Thematik des Vaters in den Vordergrund, doch auch dessen Produktionszeit liegt außerhalb der Amtszeit des in Reagan erkannten Übervaters – INDIANA JONES AND THE LAST CRUSADE und BACK TO THE FUTURE PART III wiederum fallen zumindest in ihrer Fertigstellung und Premiere fast schon in die Amtszeit von George H. W. Bush.[76]

Wichtiger noch als solch produktionshistorisch orientierte Einwände sind jedoch zwei theoretisch-analytische Einsprüche gegen Jeffords' Konzentration auf die Rolle des Vaters im US-amerikanischen Kino der 1980er Jahre. Zum einen fasst die Autorin die Instanz des Vaters eng über das Auftreten der Figur (oder Figuration) und evoziert damit den Einspruch der filmwissenschaftlichen Genderforschung, die nicht nur das Geschlecht, sondern auch Ideen von Mütter- und Väterlichkeit als ein sozial-gesellschaftliches Konstrukt begreift; so zu analysieren in der Figur von Ellen Ripley gegen die Alien-Königin in James Camerons ALIENS (1986)[77] oder aber im T-800 des zweiten, gleichfalls von Cameron inszenierten TERMINATOR-Films (1991)[78]. Zum anderen geht es im Kino der Dekade auch um das Ausbleiben der Väter, das eben nicht durch Ersatzfiguren aufgefangen und damit kompensiert wird. Dazu gehört unter anderem das Kino Steven Spielbergs, dessen dysfunktionale Vaterfiguren in CLOSE ENCOUNTERS OF THE THIRD KIND (1977) wie in

---

75 Darth Vader trägt den buchstäblichen Namen des Vaters immer schon im eigenen Namen mit.
76 Dem Argument, dass sich die Amtszeit George H. W. Bushs als Fortsetzung der vorherigen Präsidentschaft oder gar als Ronald Regans dritte Amtszeit lesen lassen könnte, ist hier aus dem Grund zu widersprechen, dass die späten 1980er und frühen 1990er Jahre neue mediale Formen und Dispositive ausbauten und nicht einfach in einer angenommenen Kontinuität, so sehr sie politisch auch stimmen mag, verwischt werden. Im Hinblick auf die Theorie Kracauers würde diese sich damit nur bestätigen, dass diese Filme eben die nachkommenden Entwicklungen in gewisser Weise antizipieren würden.
77 ALIENS [ALIENS – DIE RÜCKKEHR] (USA 1986, James Cameron).
78 TERMINATOR 2: JUDGMENT DAY [TERMINATOR 2: TAG DER ABRECHNUNG] (USA 1991, James Cameron). Gleiches gilt für die Zuschreibung von Männlichkeit anhand der Figur von Sarah Connor in TERMINATOR 2.

E.T. THE EXTRA-TERRESTRIAL (1982) nur noch durch ihren Weggang respektive ihr Fehlen auffallen.[79] Jeffords weist natürlich darauf hin, dass der Vater (Reagan) nicht ohne den Sohn (die Nation oder auch den weißen Mann)[80] zu denken ist. Kern der Filme ist somit nicht die Idee, dass der Sohn seinen eigenen Weg geht, um die Zukunft zu gestalten, sondern dass dieser von der Ordnung des Vaters, die in den Filmen gestört ist, so überzeugt wird, dass er gewillt ist, diese wiederherzustellen.[81] Derart zusammengefasst, wären die Filme tatsächlich wenig progressiv und durchaus dem Aspekt der Restauration zuzuordnen. Wenngleich natürlich zuzustimmen ist, dass der Vater nicht ohne den Sohn zu denken ist, so würde für die Dekade die Umkehrung dieser Aufzählung durchaus sinniger erscheinen: den Sohn nicht ohne den Vater zu denken.

Denn mehr noch als ein Kino der Väter generiert sich das Kino der 1980er Jahre, wie am Ineinandergreifen der filmischen Zyklen der Dekade aufgezeigt wurde, als das Kino der Kinder und Jugendlichen, in dem die Kinder die Aufgabe der (abwesenden) Eltern übernehmen[82] oder aber alleine und auf sich selbst gestellt auf ihrem Weg ins Erwachsenenalter vorankommen – oder wiederum wie im Stalkerfilm daran scheitern. Richtig ist, dass, in Anlehnung an Joseph Campbell, der Rolle des Mentors, der den Helden zu seiner Quest führt und ihn ein Stück seines Weges begleitet, die Instanz des Vaters zugesprochen werden kann, um so seine Wichtigkeit auch für den Zyklus der Fantasy zu behaupten und an Jeffords' Argument anschließen zu können. Doch wenn der Vater für das Alter der vorhergegangenen Generationen steht, so ist er nicht nur im Mentor zu finden, sondern gleichsam oder gar eher auf der Seite der Antagonisten, in der Rolle des bösen (Zieh-)Vaters König Haggard in LAST UNICORN, in Königin Bavmorda als böse Mutter in WILLOW oder im nur als akustische Stimme inszenierten Vater des *Lord of Darkness* in LEGEND.[83] Taucht die Instanz des Vaters, wie in CONAN THE BARBARIAN[84], zuweilen

---

79 So könnte man die beiden Filme derart miteinander verbinden, dass der mit dem Raumschiff entschwundene Vater (CLOSE ENCOUNTERS) seinen Platz am Kopf des Familientisches nicht wieder eingenommen hat (E. T.).
80 Vgl. Jeffords: *Back to the Future*, S. 206 f.
81 Vgl. Jeffords: *Back to the Future*, S. 206 f.
82 So u. a. in Richard Donners THE GOONIES [DIE GOONIES] (USA 1985), in dem die Kinder durch das Auffinden eines Piratenschatzes das nötige Kapital sammeln, welches verhindert, dass die Familien ihre Häuser räumen, nur um so, wie McFadzean kritisch anmerkt, die eigene Kindheit zu verlängern; vgl. Angus McFadzean: *Suburban Fantastic Cinema. Growing up in the Late Twentieth Century*, London 2019, S. 23.
83 Auch der Übervater in der Figur des Imperators in STAR WARS wäre hier zu nennen sowie der Imperator Ming (gar als konkreter Vater der Prinzessin Aura) in Mike Hodges' FLASH GORDON (UK / USA / NL 1980).
84 CONAN THE BARBARIAN [CONAN, DER BARBAR] (USA 1982, John Milius).

auch als vergiftetes Angebot einer neuen, das Alte ersetzenden Instanz auf, deren Verführungen zu widerstehen sind, so gilt dieses, wie die nun folgende Analyse aufzeigen soll, radikal abzulehnen.

Vaterlos: CONAN THE BARBARIAN

Der Film beginnt martialisch. Nach der Einblendung eines Zitats von Friedrich Nietzsche, „that which does not kill us makes us stronger", das dem Film die Bürde einer seltsamen Asynchronität auferlegt,[85] führt eine Erzählstimme in die Handlung ein: Eine Person, die sich zunächst nur reflexiv als *Ich* bezeichnet, will vom titelgebenden Helden und seinem Weg zur Königswürde erzählen.[86] Im *Es war einmal* des Voiceovers steckt somit bereits die Vorgabe einer zirkulären Struktur: All das, was nun geschieht, ist immer schon geschehen und wird nun erneut geschehen, in der Erzählung des als Rahmen fungierenden Sprechers. Die Zuschauererwartung wird somit beruhigt, ist doch nun schon gewiss, dass man um den Protagonisten nicht bangen muss. Der martialische Charakter jener Filmminuten, in denen Regisseur John Milius eine eigene Mytho- und Kosmologie entfaltet, trägt die kriegerische Gewalt noch in die Paratexte des Films: Die Buchstaben der Credits wirken zunächst wie Stahl und könnten doch auch weißgeputzte Knochen sein. Verweist das eine auf den Kampf, steht das andere für dessen Ende und das Verstreichen der Zeit, die über die Besiegten hinweggeht. Die Dunkelheit, aus der die Stimme gesprochen hat und die Credits kamen, wird nun erhellt durch das Fließen glühenden Stahls in die Form eines zu schmiedenden Schwertes. Eine Urszene, an dessen Anfang das Feuer steht – und die Familie. Zwar scheint es zu Beginn noch so, dass der Schmied alleine versucht, den Stahl zwischen Rauch und Feuer zu formen, doch wird hinter dem Feuer zuerst eine Frau und dann, als die Flammen es im Hintergrund des Bildes freigeben, auch ein Kind sichtbar. Ein Junge, der gebannt dem Werken des Vaters und eines anderen Mannes zusieht, die um die Lüftung der primitiven Schmiede zu betätigen, gemeinsam am Strang ziehen, um das Schwert abzukühlen. Das vom Vater hier geschmiedete Schwert wird zu einem doppelten Leitmotiv des Films: Gebunden an den Vater, der es schuf, markiert es durch seine

---

85 Das Zitat Nietzsches wie auch das dokumentierte Auftreten von John Milius am Set haben dem Film zuweilen den Vorwurf einer zynisch-menschenverachtenden wie faschistischen Grundhaltung attestiert, die aber häufig im Modus der Anklage verharrt, ohne konkret von einer Filmanalyse gehalten zu werden.

86 Beim Erzähler handelt es sich um den Hexer Akiro, der erst nach der Hälfte des Films seinen Auftritt hat.

Fertigstellung wie durch sein endgültiges Zerbrechen und Ablegen Anfang und Ende der Handlung; zumindest in diesem Film, denn der Zuschauer weiß ja bereits, dass die Geschichte des zukünftigen Königs zu groß sein wird für die Laufzeit nur eines Werkes.

Es bleibt nicht beim stummen Schmieden des Schwertes. Das Kind, Conan, wird wenig später vom Vater in die Regeln der Welt eingeführt und über die Gemeinschaft aufgeklärt, in der es lebt. Im Angesicht des Sohnes verweist der bärtige Vater auf das Besondere des eigenen Glaubens. Ihr Gott, Crom, wohnt nicht wie die Götter der anderen Menschen hoch über ihnen, sondern unten, in der Erde, eben dort, wo das Christentum lange Zeit das Böse lokalisieren (oder eher wegsperren) wird. Während Conans Vater von Stahl und Eisen spricht, das die Erde ihnen gibt und die geformt und geführt werden wollen, um an ihr Geheimnis zu gelangen, wechselt der Hintergrund, vor dem der Vater dem Sohn die Lehren der Vorfahren weitergibt (vgl. Abb. 4). Der sich dort entfaltende Horizont wirkt geradezu unnatürlich; sind die vorherigen Aufnahmen noch deutlich als Außenaufnahmen zu erkennen, die das im Schnee gelegene Dorf erkunden, so wird der Himmel hinter den beiden nun zu einem klaren Special Effect. Zu sehen ist das Blau des Himmels und das Weiß der Wolken, die in ihrem raschen Fortbewegen auf den Lauf der Zeit verweisen – und die damit verbundene, überdauernde Gültigkeit der Lehre des angebeteten Gottes. Zugleich aber markiert dieser Hintergrund auch die Beziehung zwischen den Menschen und dem Him-

Abb. 4: CONAN THE BARBARIAN: Die Theologie der Väter.

mel als ursprünglich göttlicher Domäne, die an dieser Stelle jedoch Conan und seinem Vater vorbehalten sind.

Bereits mit dem Wechsel zur nächsten Szene ist das Gespräch zwischen Vater und Sohn nicht mehr nur Initiation, sondern wird zum Vermächtnis. Mit dem Überfall der schwarzen Horden Thulsa Dooms, dessen Namen Conan wie auch der Zuschauer erst sehr viel später im Film erfahren werden, wird die Lehre Croms herausgefordert. Denn auch die Angreifer begehren das Geheimnis des Stahls und strecken das Dorf und seine Bewohner nieder. Der Film lässt zunächst keinen Zweifel daran, wie sich Gut und Böse positionieren: Die in schwarz gewandeten Angreifer, deren Vorhut noch nahezu tierisch nach Beute schnüffelt, bilden zum sie umgebenden Schnee ein dichotomisches Gegenstück. Schnee, der für diese Zeit der Filmgeschichte und das nunmehr beginnende Subgenre des Barbarenfilms erstaunlich unblutig bleibt, als wäre es der Inszenierung mehr daran gelegen, das Unrecht und nicht die Folge dessen aufzuzeigen, was sich hier vor den Augen der Zuschauer entfaltet. Vom Pferd herab töten sie die Bewohner des Dorfes. Conans Vater fällt zuerst einer Rückenwunde zum Opfer und endet dann als Fraß für die Meute der Hunde, die die angreifende Armee begleitet. Und doch kulminiert der Kampf in einem kurzen Moment der Gleichheit: Als Conan und seine Mutter – auch sie kann den Stahl führen – in die Ecke gedrängt werden und bereits alle Männer des Dorfes gefallen zu sein scheinen, steigen die Angreifer von ihren Pferden und nehmen die Helme ab, um Frau und Kind von Angesicht zu Angesicht gegenüberzustehen. Der vorher stattgefundene Kampf wechselt in der Inszenierung vom Stahl zum Blick. Die Männer, die sich später als die Anführer des Feindes unter Doom erweisen sollen, halten Mutter und Sohn mit ihren Blicken an Ort und Stelle, die Frau immer noch bereit, mit Schwert und weit aufgerissenen Augen Widerstand zu leisten. Nun erst tritt der Antagonist des Films selbst auf, lässt sich von seinen Dienern das Schwert des gefallenen Vaters reichen und tritt in das Stand-Off der Blicke ein. Dooms Augen, die mehrmals im Film mit dem Bild einer Schlange gleichgesetzt werden und bereits hier alttestamentarische Topoi der Verführung erahnen lassen,[87] scheinen Conans Mutter zu beruhigen, gar zur Aufgabe bringen zu wollen. Sie lässt das Schwert sinken. Und erst als dies geschieht, wendet Doom Blick und Körper leicht ab, um sie in einer in Zeitlupe inszenierten Drehung und dem Schwung des väterlichen Schwertes zu enthaupten. Dem todbringenden Blick folgt der todbringende Stahl, der nicht das Schwert der Gegnerin besiegt, sondern den durch ihre Augen geleisteten Widerstand. Dieser ist auch in Conan zu finden: Die Kamera zeigt den Mord nicht, lässt nur den Körper

---

[87] Generell ist der Film durchzogen mit religiös-theologischen Anspielungen, die weder in einer ausgefeilten Inszenierung aufgehen, noch durch eine geschlossene Analyse einzuholen wären.

der Mutter aus dem Bild und damit von Conans Hand wegsacken, die sie bis zu diesem Moment, trotz ihrer Verteidigungshaltung gegen das Blickregime der Männer, festgehalten hatte. Conan, dessen Blick bisher gleichfalls auf dem Gegner ruhte, wendet seine Augen nicht auf den fallenden, leblosen Körper seiner Mutter, sondern schaut auf seine nunmehr freie Hand, die er ungläubig verkrampft (vgl. Abb. 5). Mit dem unfreiwilligen Loslassen seiner Eltern bildet das Bild dieser leeren Hand, die sich wie in einer Verletzung krümmt, die Grundlage für ein späteres Echo im Film, auf das zurückzukommen sein wird. Der Keim seiner ihn antreibenden Rache ist damit gelegt.[88]

Abb. 5: Blickregime und der Zwang des Loslassens.

John Milius' Film ließ eine der ersten kleineren Reihen innerhalb des Zyklus der Fantasy beginnen, die neben EXCALIBUR[89] möglicherweise, trotz des Zusammenhangs des Genres, ein wenig abseits der weiteren Filme steht.[90] Stände CONAN nicht am Anfang der hier beschriebenen Filme, müsste man das *Coming-of-Age* des Films als eine zynische Antwort auf spätere Inszenierungen werten. Verkauft in die Sklaverei, muss der junge Conan gemeinsam mit den anderen überlebenden Kindern seines Dorfes einer sinnlosen Tätigkeit nachgehen und einen mühlenartigen Mechanismus inmitten einer kargen Landschaft in Bewegung halten. Nur in der Ferne rauchende Schlote lassen erahnen, dass das stetige

---

88 Daher geht es Conan auch nicht um einen politischen Umsturz. Sein Gegner ist nur zufälligerweise ein religiöser Führer, dessen Gefolge Conan nur dort bekämpft, wo es ihn von seiner Rache abhalten will.
89 EXCALIBUR (USA / UK 1981, John Boorman).
90 Der Film selbst lehnt weniger an die literarische Vorlage Robert E. Howards als vielmehr an den *Conan*-Comics der 1970er Jahre.

im Kreislaufen doch einer Sinnhaftigkeit dient, die sich weder ihm noch dem Zuschauer erschließt. Das Erwachsenwerden Conans wird inszeniert als ein sinnloses Um-sich-selbst-Drehen, das – hier würden die Protagonisten des Stalkerfilms zustimmen – nur die Stärksten und Angepasstesten durchbrechen. Der Film setzt dieses Erwachsenwerden als eine Menschwerdung um, führt von der Sinnlosigkeit in eine Sinnhaftigkeit. Ist der Conan der sich drehenden Mühle noch eher Ding als Lebewesen, so wird er, nun ein großer, muskelbepackter Mann, in den Gladiatorendienst überstellt, wo er Kämpfen, Töten, aber auch Lesen und die Kunst des Liebesspiels lernt. So beschreibt es jedenfalls der Erzähler, denn das, was der Zuschauer sieht, ist eher die Funktion des gutgewachsenen Mannes als Zuchtbulle, dem die schönsten Jungfrauen des Landes zwecks Fortpflanzung zugeführt werden.[91] Die Diskrepanz zwischen dem, was der Erzähler kommentiert, und dem, was der Film inszeniert, zeigt sich bereits wenige Minuten später erneut, als Conan von seinem Besitzer in die Freiheit entlassen wird, die das Voiceover als fernen und nun endlich erreichten Traum des Barbaren charakterisiert. Tatsächlich aber scheint Conan sich in der Abfolge der Bilder, die sein weiteres Heranwachsen gezeigt hatten, eher wohlgefühlt zu haben, als dass diese den Zustand seiner Unfreiheit reflektiert hätten, bleibt er doch während der Abfolge der Szenen auch weiterhin stumm; eine eigene Aussage, ein innerer Monolog, findet nicht statt. Erst auf der Flucht nach seiner Entlassung in die Freiheit wandelt sich Conan innerhalb weniger Minuten vom vormals gebrauchten Ding und zum Kämpfen dressierten Tier zum Menschen. Gejagt von Hunden, denen sich der Barbar nicht stellt, fällt er unbeholfen in den Schacht einer unterirdischen Höhle. Dort befreit er sich nicht nur aus einer großen Pfütze (als Herauskriechen aus dem Wasser), sondern macht wenig später zudem eigenständig Feuer, wandelt sich vom hilflosen Wesen zum erfinderischen Menschen. Erst durch das Licht des Feuers erkennt er, dass er sich die Höhle mit den Skeletten Verstorbener teilt, deren Anführer auf einem Thron an der einen Wand der Höhle sein Schwert neben sich abgelegt hat. Conan, der in diesem gekrönten Skelett Crom (oder eines seiner Zeichen) zu erkennen glaubt, hat nun nicht nur seinen Glauben (wieder-)gefunden, sondern nimmt das mit Dreck und Rost behaftete Schwert an sich. Das Schlagen des Schwertes, um es von der Patina der Zeit zu befreien, ist der letzte Akt in der Geburt des Helden, den das Voiceover zu Beginn des Films beschrieben hat. Die vor der Höhle

---

91 Interessant ist an diesem Punkt der Unterschied in der Synchronisation: Während Conan in der Originalversion zum ersten Mal in der Höhle spricht, in die er auf seiner Flucht gelangt und dort den Namen seines Gottes nennt, spricht Conan in der deutschen Sprachfassung zu jener Jungfrau, die ihm zur Fortpflanzung dargeboten wird: „Du brauchst keine Angst zu haben", versichert er der ängstlichen Frau.

wartenden Hunde sind nach einem weiteren Schnitt nur noch als Fell an Conans Körper zu erkennen.

CONAN THE BARBARIAN unterscheidet sich in zwei weiteren Aspekten von den folgenden Filmen der Dekade. Zum einem meint dies den Aspekt der Körperlichkeit und Sexualität, zum anderen den Aspekt der Gewalt.[92] Bereits STAR WARS nahm Abstand von der naturalistischen Inszenierung der Wunde; mehr noch, beendete der Film innerdiegetisch das Bluten wie Blutvergießen mittels Waffen wie dem Laser und dem Lichtschwert, die nahezu jegliche Wunde unmittelbar kauterisieren. Milius' Film orientiert sich so eher an den Inszenierungen der Gewalt, wie sie unter anderem in den Western Sam Peckinpahs zu finden sind – auch wenn der eröffnende Überfall auf das Dorf von Conans Eltern in der Frage der Gewaltdarstellung noch zurückhaltend agiert. Obgleich die Gewalt in CONAN nicht an die Ästhetik der Wunde des modernen Horrorfilms heranreicht und von den Epigonen des Barbarenfilms, hier vor allem der italienischen Genrenachfolger, übertroffen wird, unterscheidet sie sich eindeutig von den anderen Filmen des Zyklus – und damit verbunden auch im Körperbild des Protagonisten. So einfach auch die Querverweise erscheinen mögen, die Hypermaskulinität Arnold Schwarzeneggers mit dem Zeitgeist der 1980er Jahre, dem Kult des Bodybuildings (aufseiten derMänner) und der Aerobic (aufseiten der Frauen),[93] zu verbinden, so erstaunlich bleibt es, dass diese Inszenierung muskulöser Männlichkeit für das Genre kaum eine weitere Bedeutung erfährt. Zwar bleibt sie im Kino, eben in der Reihe der Barbarenfilme wie auch durch Schwarzenegger und Sylvester Stallone im Actionkino[94] präsent und beeinflusst gar die Erfindung und Ausgestaltung der *Mattel*-Figuren- und daran anschließenden Zeichentrickreihe MASTERS OF THE UNIVERSE (1982–1988 respektive 1983–1984), um so in die US-amerikanischen Kinderzimmer zu gelangen.[95] Doch wechselt die Inszenierung von Männlichkeit in der Fantasy rasch nach Conans erstem Auftritt. Die nachfolgenden, männlichen Protagonisten (und bis LABYRINTH bleiben es meist junge Männer) sind eher klein und schmächtig als groß und muskulös.

---

[92] Gerade der Aspekt der Sexualität wird in den späteren Filmen des Zyklus gänzlich ausgeblendet.
[93] Zum Aspekt der Körperlichkeit in den Filmen des Jahrzehnts vgl. dazu immer noch überzeugend: Yvonne Tasker: *Spectacular Bodies. Gender, Genre and the Action Cinema*, New York (NY) 1993 sowie Jeffords: *Hard Bodies*.
[94] Das Gespann Schwarzenegger und Stallone werden gegen Ende der 1980er Jahre durch Dolph Lundgren und Jean-Claude Van Damme ergänzt. Beide fungieren jedoch eher als Nachhall ihrer berühmten Vorbilder, wendet sich der Actionfilm mit Schauspielern wie Chuck Norris, Bruce Willis und Mel Gibson anderen Protagonisten und damit verbundenen Männerbildern und -körpern zu.
[95] Zur Verbindung von CONAN und der Spielfigurenserie vgl. u. a. Brian C. Baer: *How He-Man Mastered the Universe. Toy to Television to the Big Screen*, Jefferson (NC) 2017, S. 23 ff.

Vor diesem Hintergrund ist es aber interessant, dass die Nacktheit Conans, also das Zeigen seines Körpers, stark an die Erzählung gebunden bleibt und nicht zum Selbstzweck verkommt. Entblößt ist er somit vor allem im Angesicht seines Todes wie auch der damit verbundenen Wiedergeburt, denn als Conan Doom endlich gefunden hat, scheitert er bei der Vollendung seiner Rache. Der Tyrann lässt ihn an einem Baum kreuzigen (vgl. Abb. 6), nicht ohne ihm vorher eine Lektion mitzugeben, über die er nachdenken soll: Denn Doom hat erkannt, dass es nicht mehr das Geheimnis des Stahls ist, welches Macht verspricht, sondern das Fleisch – nicht das Schwert, sondern die Hand, die es führt. Implizit macht der Film damit auch deutlich, warum Doom nun nicht mehr der Anführer einer erobernden Armee ist, sondern das spirituelle Oberhaupt einer kultischen Gemeinde, die die Schlange als ihr Totem anbetet.

Abb. 6: Barbarische Kreuzigung: Conans Tod?

Conan überlebt die Kreuzigung nur knapp, wird mithilfe seiner Freunde und des Hexers Akiro in einem dunklen Ritual zurück ins Leben geholt.[96] Am Morgen nach seiner Wiedererweckung steht Conan nun mit nacktem Oberkörper am Strand und führt das Schwert in seiner Hand. Erst diese Szene lässt kurz den Eindruck entstehen, hier posiere der Bodybuilder Schwarzenegger und we-

---

96 Es sind innerdiegetisch nicht nur die dunklen Künste des Hexers, die Conan wiederbeleben, sondern auch das Versprechen der ihn liebenden Kriegerin Valeria, die bereit ist, einen Preis für sein Überleben zu entbieten. So stirbt sie durch einen tödlichen Schlangenpfeil Dooms. Auch sie erscheint später als eine kurze Inszenierung der Auferstehung (mitsamt verherrlichtem Leib), um Conan im Kampf zu unterstützen, auch wenn der Film offenlässt, ob es sich hierbei um eine Illusion handelt. Viel interessanter ist dabei aber, dass der Film Conan als liebesfähig inszeniert. Vgl. Stresau: *Der Fantasy Film*, S. 88.

niger die Figur des Barbaren. Doch vielmehr geht es an dieser Stelle um zwei andere Aspekte der Erzählung: das erneute Lernen des Bewegens nach der (Wieder-)Geburt und das Verinnerlichen von Dooms Erkenntnis. Der Blick Conans gilt so nicht seinem Schwert, sondern der Hand, die es führt. Und genau hier echot die Urszene seiner Rache, den Tod und Verlust der Mutter zu vergelten, wenn er nun erneut die sich öffnende und schließende Hand betrachtet, um sich selbst stumm zu versichern, wozu er fähig ist (vgl. Abb. 7).

Abb. 7: Emanzipation: Das Schicksal in der eigenen Hand.

Die zirkuläre Struktur des Films schließt sich in der finalen Konfrontation mit Doom. Hat Conan zwar dessen Lehre über die Macht des Fleisches verinnerlicht, so geht es doch darum, das vergiftete Angebot, das Conan unterbreitet wird, auszuschließen. Der Kult, dem Doom vorsteht und der sich vor dem beobachtenden Barbaren und seinen Begleitern durch sexuell ausschweifende wie kannibalistische Orgien eindeutig moralisch desavouiert hat,[97] bietet keine Alternative, bleibt auch als Instanz im Film folgenlos, außer dass Conan die Rettung einer Prinzessin aus seinen Fängen mit seiner persönlichen Rache zu verbinden weiß. Auch die Fähigkeiten Dooms spielen im Film keine weitere Rolle: Sein Vermögen, sich in eine Schlange zu verwandeln, nutzt er nur, um im Augenblick der Gefahr zu entkommen, nicht um damit im Kampf seine Macht zu demonstrie-

---

97 Wie man es schon Tobe Hoopes THE TEXAS CHAINSAW MASSACRE [BLUTGERICHT IN TEXAS] (USA 1974) nachsagte, so könnte auch diese Darstellung des Kultes als ein ironischer, bisweilen gar zynischer Verweis auf die Hippie-Kultur der 1970er Jahre betrachtet werden. Die Küche des Kultes, durch die die Protagonisten in Dooms Bergfestung einsteigen, erfährt mitsamt Kannibalismus in Ridley Scotts LEGEND [LEGENDE] (USA / UK 1985) eine ähnliche Inszenierung.

ren.⁹⁸ Der Kampf zwischen Doom und Conan findet ohne Magie wie auch nahezu ohne Schwert statt. Es ist erneut die Verführung, mit der Doom Conan auf seine Seite ziehen will, nun nicht mehr nur durch seine Augen, sondern durch das Angebot der Sinnstiftung. Ohne Dooms Taten, das Massaker an Conans Dorf und die Ermordung seiner Eltern, würde es Conan nicht geben, wäre er nicht (erneut) geboren worden und somit auch nicht existent. Wie schon das Gespräch zwischen Conan und seinem Vater findet auch dieses vor einem Horizont statt, der seine Künstlichkeit erneut ausstellt. Doch nun ist es nicht das Blau des Horizonts und das Weiß der Wolken, sondern eine allumfassende Schwärze eines Himmels, an dem nicht einmal Sterne zu erkennen sind (vgl. Abb. 8). Dies erscheint nur logisch, hatte Doom doch vorher der versammelten Gemeinde des Kultes versprochen, ihnen das Licht zu bringen, so muss es *oben* fehlen, um *unten* verschenkt zu werden. Doom, der Conan vorher schon in der Hybris des Alters mit „boy" ansprach, nennt ihn nun explizit sein Kind („my child) und Sohn („my son") und

Abb. 8: Das Ausschlagen eines vergifteten Angebots: Conan und Thulsa Doom.

---

98 Der Film inszeniert damit ein Versprechen von Macht aufseiten des Antagonisten, welches nicht mehr eingeholt wird – ein ähnlich nicht eingelöstes Versprechen wie in Richard Donners LADYHAWKE [DER TAG DES FALKEN] (USA / I 1985), welches den Widersacher des Films als mit dem Teufel im Bunde charakterisiert und dieser dennoch nahezu widerstandslos durch eine einfache Waffe fällt. Doom hingegen zaubert nur ein einziges Mal neben seiner eigenen Transformation, als er einen Pfeil in eine Schlange verwandelt, um so Valeria zu töten.

bietet ihm ein Leben an seiner Seite an. Conan kann dem Blick Dooms zunächst, anders als seine Mutter, nicht standhalten, senkt den seinen, bis die Kamera auf seine Hand und das in ihr befindliche Schwert schneidet. Erst jetzt kommt Conan zu Besinnung, lassen seine Augen ein Wachwerden erkennen. In Erinnerung an den Tod seiner Mutter schlägt nun auch der Barbar seinem Gegner den Kopf ab, expliziter und brutaler, als es zu Beginn des Films der Fall war. Conan lässt den Rest des Schwertes seines Vaters, welches bereits vorher in einem anderen Kampf in zwei Hälften brach, auf die Stufen des Turmes fallen, auf die er bereits Dooms Kopf hinunter geschleudert hat. Er bleibt allein zurück. Vaterlos.

3 Dekadenz

Aufmarsch der Tyrannen: Die Antagonisten

Die durch die Filmanalyse aufzuzeigenden Merkmale von Ambivalenz, die den Figuren des Fantasyzyklus zu eigen sind, exkludieren eine Gruppe aus diesem polyvalenten Bedeutungshorizont: die der Antagonisten. Die jeweiligen Gegenspieler lassen jedwede Form von Vielschichtigkeit vermissen, sie sind böse, nicht selten gar das Böse schlechthin, und dienen somit als Verkörperung eines metaphysisch-moralischen Begriffs.[1] Jedoch ist es gerade ihre vermeintliche Simplizität, die es verhindert, den analytischen Blick an ihnen zu schärfen und nach ihrer Bedeutung in den Filmen zu fragen. Und dies umso mehr, wenn Susan Jeffords' Hinweis auf die Väter im US-amerikanischen Kino der 1980er Jahre weiterhin als möglicher Zugang zu den Filmen ernst genommen wird. Gerade vor diesem Hintergrund wäre das Kino der Dekade nicht zentriert um die Figuration des Vaters, und damit verbunden immer auch um die Figuration des Sohnes, sondern legt seinen Schwerpunkt auf das Aufwachsen der nachkommenden, jüngeren Generation, die sich eben nicht nur mit der Welt des verschwundenen respektive verschwindenden Vaters auseinandersetzen muss, sondern zuvorderst gegen den Vater aufbegehrt. Der Vater, als Symbolfigur oder offen narratives Element, ist so weniger Mentor, sondern gleichermaßen (vielleicht sogar eher) auf Seite der Antagonisten zu finden, die eine Ordnung verkörpern, die es zu überwinden gilt. Denn so wie Jeffords' Überlegungen implizit auf die Filmtheorie Siegfried Kracauers verweisen, so greift auch John Butler auf Kracauer zurück, wenn er die Wahl Ronald Reagans mit der Rückkehr des Königs gleichsetzt und das Barbarenkino der frühen 1980er Jahre als Sehnsucht nach dem starken, alle Hindernisse überwindenden Mann in Verbindung bringt.[2] Die Dokumentation DIE GESCHICHTE DER FANTASY, in welcher Butler diesen Satz äußert, vertieft sein Argument durch einen historischen (Rück-)Sprung, führt von den 1980er Jahren in die 1920er Jahre, ins Deutsche Reich und das Amerika der Nachkriegszeit. Der Filmwissenschaftler Norbert Grob[3] ergänzt die Thesen durch einen Exkurs auf den eigentlichen Ort der argumentativen Bezugnahme Kracauers: auf das Weimarer Kino.

---

1 So verliert Darth Vader in STAR WARS seine Rolle des Antagonisten langsam aber stetig an den Imperator, als in ihm Zweifel wachsen, die letztlich in seiner durch den eigenen Sohn herbeigeführten Erlösung münden.
2 Vgl. DIE GESCHICHTE DER FANTASY. TEIL 1: MUTIGE HELDEN (D 2019, Viola Löffler), TC: 00:26:50, Schnittfassung ZDF.
3 Vgl. DIE GESCHICHTE DER FANTASY. TEIL 1: MUTIGE HELDEN, TC: 00:12:50 f., Schnittfassung ZDF.

Open Access. © 2022 bei den Autorinnen und Autoren, publiziert von De Gruyter. Dieses Werk ist lizenziert unter der Creative Commons Namensnennung - Nicht-kommerziell - Keine Bearbeitung 4.0 International Lizenz.
https://doi.org/10.1515/9783110990799-003

Arg verkürzt gehen Kracauers Thesen, die oft durch das missverständliche, bisweilen gar falsche Attribut der Widerspiegelung gesellschaftlicher Prozesse im und durch das Medium Film gleichgesetzt werden, von einem psychologischen Dispositiv innerhalb der Filme aus, durch welches sich die Unterwerfung unter den autoritären Geist der nationalsozialistischen Herrschaft respektive die Bereitschaft dazu schon in den 1920er Jahren artikulieren und herausanalysieren lassen würde.

Hierbei geht es nicht um die Frage, wie valide oder angreifbar Kracauers Thesen sind, denen alleine schon ihre Nachträglichkeit eine Last ist, sondern um die Frage, was dies für das Kino der 1980er Jahre bedeuten könnte. Die Dokumentation geht sogar einen Schritt weiter, appliziert Kracauers Thesen auf das US-amerikanische Kino der 1920er Jahren und sieht im THE THIEF OF BAGDAD (1924)[4] mit Douglas Fairbanks sen. in der titelgebenden Rolle das Aufkommen gesellschaftlicher Sehnsüchte nach der starken und ordnenden Instanz, die in der Lage wäre, kriminelle Umtriebe wie moralische Verwerfungen zu beenden;[5] ein ähnlicher Gedanke, wie er auf deutscher Seite in Bezug auf den Nibelungen-Siegfried in Fritz Langs Verfilmung (D 1924)[6] des deutschen Mythos zu finden wäre. Interessant erscheint nun jedoch, dass die autoritären Figurationen des Tyrannen, die Kracauer im Weimarer Kino ausmacht – unter anderem in F. W. Murnaus NOSFERATU (D 1922), Arthur von Gerlachs VANINA (D 1922), Fritz Langs DR. MABUSE, DER SPIELER (D 1922) wie auch in Paul Lenis DAS WACHSFIGURENKABINETT (D 1924) –,[7] zwar für eine Instanz des Chaos stehen, sie in den Filmen selbst aber, wenn schon nicht unschädlich gemacht, so doch gezügelt werden.

Gerade aber diese Form des Chaos, die durch sie in das Narrativ wie die (audio-)visuelle Inszenierung der Filme Einzug hält, ist von zentraler Bedeutung und macht deren (historisches) Ziel, die Etablierung einer neuen Ordnung nach dem Chaos, wie es in Deutschland in der Propaganda der Nationalsozialisten in den Jahren 1932/33 der Fall war, zweitrangig. Denn die Tyrannen des Fantasyfilms stehen, anders als ihre Vorläufer des Weimarer Kinos, für eine Form der Ordnung, die erst durch die Protagonisten der Filme gestört und sodann beendet wird. Die Dokumentation, die in den Beiträgen Butlers wie Grobs diese Verbindung hergestellt hat, äußert sich nicht zur Rolle der Antagonisten im Fantasyfilm der 1980er Jahre; wahrscheinlich, weil sie diesbezüglich ähnlich wie beim Vergleich Ronald

---

4 THE THIEF OF BAGDAD [DER DIEB VON BAGDAD] (USA 1924, Raoul Walsh).
5 Einen stärkeren Bezug zum inszenierten Chaos der frühen deutschen Fantastik bietet der US-amerikanische Gangsterfilm Anfang der 1930er Jahre. Diese enden jedoch meist mit einer Wiederherstellung der gestörten Ordnung.
6 DIE NIBELUNGEN (D 1924, Fritz Lang).
7 Vgl. Siegfried Kracauer: *Von Caligari zu Hitler. Eine psychologische Geschichte des deutschen Films*. Mit 64 Abbildungen, übers. Karsten Witte, Frankfurt am Main 1979, S. 96 ff.

Reagans mit Conan, dem Barbaren, in einer argumentativen Sackgasse gelandet wäre und die Filmanalyse kaum Anhaltspunkte für die Richtigkeit der These geliefert hätte. Dementsprechend widmen sich die weiteren Ausführungen den Antagonisten nun im Beziehungsgeflecht der Filme des Genres, und eben nicht im Abgleich mit der (historischen) Wirklichkeit. Denn ihr Auftritt im Film geht, anders als bei Kracauer, eben nicht in einer Masterthese auf. Von primärem Interesse ist daher, wo und wie sich die einzelnen Antagonisten in ihrer jeweils spezifischen filmischen Inszenierung beschreiben und damit auch analysieren lassen. Als Imperator (STAR WARS, THE DARK CRYSTAL),[8] König respektive Königin (THE LAST UNICORN, THE BLACK CAULDRON[9], LABYRINTH, WILLOW[10], ggf. auch LEGEND[11]) oder Geistlicher (LADYHAWKE[12]) stehen sie für ein politisches System, gegen das innerdiegetisch revoltiert und rebelliert wird. Und meist erfolgt diese Rebellion ohne die Etablierung des neuen Systems, das den erfolgreichen Umsturz beenden und dem Happy End das finale Wort reichen würde.[13] Das Chaos, welches gleichzusetzen wäre mit Beweglichkeit, Neuerung, aber auch Ungewissheit und Unvorhersehbarkeit, hat so seinen Platz aufseiten der Protagonisten. Zur möglichen Trivialität der Gegner kommt damit noch ein Moment der Simplizität der Welt hinzu, die durchaus dichotomisch gedacht werden kann. Der analytische Blick auf die Antagonisten der Filme bedarf jedoch zwei weiterer Schritte, um diese überhaupt analytisch fassbar zu machen. Zum einen bedarf es eines stärkeren Zugangs zur Inszenierung des Bösen. Welche Ebenen lassen sich in der Ausgestaltung der Antagonisten finden, wie werden sie in die audiovisuelle Inszenierung der Filme eingebettet, oder noch einfacher gefragt: Wie erscheinen sie? Und damit verbunden ist natürlich auch die Frage, wie ihre Macht, körperlich wie auch politisch, in den Filmen inszeniert wird, von grundlegendem Interesse.

Dazu dient im Folgenden der Seitenblick auf die erste STAR-WARS-Trilogie und hier speziell auf die Figur des Imperators, baut sich diese doch in der Inszenierung ihrer Macht über die drei Teile bis zum Finale in RETURN OF THE JEDI (1983) sukzessive auf. Während der erste Teil den Imperator nur nebenbei erwähnt und ihn durch eine politische Aktion, die Auflösung des imperialen

---

8 Ein in der Space Opera beliebter Titel, so auch in Mike Hodges' FLASH GORDON (UK / USA / NL 1980) und David Lynchs DUNE (USA 1984).
9 THE BLACK CAULDRON [TARAN UND DER ZAUBERKESSEL] (USA 1985, Ted Berman / Richard Rich).
10 WILLOW (USA 1988, Ron Howard).
11 LEGEND [LEGENDE] (USA / UK 1985, Ridley Scott).
12 LADYHAWKE [DER TAG DES FALKEN] (USA 1985, Richard Donner).
13 Vielleicht lag in der Tatsache, dass die Sequel-Trilogie der STAR-WARS-Filme 2015 das einstige glückliche Ende zurücknahm, die größte Zumutung an die Zuschauer.

Senats,[14] charakterisiert, wird er in THE EMPIRE STRIKES BACK (1980) erstmalig als ‚physische' Figur inszeniert. Vorher verkörpert durch seine Platzhalter in Form von einem nicht enden wollenden Strom von Soldaten und einer destruktiven Technik, nimmt er in der Mitte des Films Kontakt mit Darth Vader auf, um über das Fortkommen im Niederringen der Rebellion unterrichtet zu werden. Vader, den die Zuschauer bisher für die absolute Figuration des Bösen hielten, kniet nun nieder, ehe das riesige Hologramm des Imperators den Raum ausfüllt.[15] Doch bleibt er dabei ätherisch, nicht greifbar; innerdiegetisch durch das durchsichtige, blaue Leuchten der medialen Übertragung, außerdiegetisch durch das Ansehen eines Gesichtes, das schlicht als nicht richtig, als halb geformt erscheint,[16] selbst wenn die Inszenierung das Gespräch zwischen Herrn und Diener aus mehreren Perspektiven wiedergibt, zwischen dem Point-of-View Vaders wie des Imperators wechselt,[17] oder beide seitlich ins Bild rückt. Die Ränder der Figur bleiben jedoch im wahrsten Sinne unscharf und führen letztlich in RETURN OF THE JEDI zu einer weiteren Irritation des Zuschauers, wenn der Imperator zum ersten Mal leibhaftig in Szene gesetzt wird. Auch hier wird schon zu Beginn des Films sein Kommen auf den zweiten Todesstern des Imperiums angekündigt. Der Film folgt dabei der Übersteigerungslogik der Space Opera zunächst nur zögerlich, indem kein stärkerer Todesstern gebaut wird (was erst 2015 in der finalen Trilogie der *Skywalker*-Saga der Fall sein wird), sondern die zerstörte Massenvernichtungswaffe schlicht rekonstruiert wird.[18] Vader droht mit erhobenem Finger dem Kommandanten der Raumstation, dass der Imperator über die zögerlichen Fortschritte des Wiederaufbaus verärgert sei und den Bau nunmehr persönlich überwachen wolle. Der Kommandant der Station, der bereits bei der Ankunft Vaders demonstrativ schlucken musste, ehe Vader aus seinem Schiff an Bord der Station trat, zuckt leicht zurück und verzieht erschrocken den Mund, so als hätte die bloße Information ihn bereits körperlich getroffen. Dem Versprechen, man werde sich nun mehr bemühen, quittiert Vader mit der Bemerkung „I hope so, Commander, for your sake. The Emperor is not as forgiving as I am." Durch den Dialog ent-

---

[14] Die Geschichte der Saga vermischt politisches Handeln mit einem historischen Verweis, hier auf die Überwindung der römischen Republik durch Julius Caesar oder das Ende von Weimar durch Adolf Hitler.
[15] Vader kniet demzufolge nur vor einer Repräsentation des Imperators.
[16] Produktionsgeschichtlich war das Gesicht des Imperators tatsächlich zusammengesetzt aus dem Gesicht einer älteren Schauspielerin und den Augen eines Schimpansen. Erst die Überarbeitungen der Filme fügten den späteren Schauspieler Ian McDiarmid in die Szene ein.
[17] Der Zuschauer blickt bereits auf Vader, ehe die Übertragung steht.
[18] Gerade im Bau des zweiten Todesterns wird der sich selbst reproduzierende Teil des maschinell-industriellen Imperiums deutlich.

spannt sich eine Form des Vergleichs wie auch der Drohung. Wurde Vader durch die ersten beiden Teile als der ultimative Antagonist der Filme inszeniert, folgt der Film nun doch der Steigerungslogik des Genres, indem nicht nur angedeutet wird, dass es eine Person gibt, vor der Vader das Knie beugt, sondern – das suggeriert die Aussage – diese grausamer sei als er.[19] Die Ankunft des Imperators verbindet sodann zwei wichtige Elemente inszenierter Macht. Zum einen verweist seine Ankunft auf militärische Riten, die Aufstellung der Bataillone in Reih und Glied zeugen von politischer Gewalt wie auch Gehorsam. Filmhistorisch erinnern sie an die Inszenierungen in Leni Riefenstahls Parteitagsfilm TRIUMPH DES WILLENS (D 1935)[20] und dem dortigen Einfangen einer organisierten, gezügelten Masse, die sich nur auf den Befehl des Führers in Bewegung zu setzen vermag. Gleichzeitig ist die Ankunft des Imperators aber auch eine kultische Inszenierung, was das vorher Beschriebene mehr ergänzt, als dass es ihm widerspricht. Die vor ihm aus dem Shuttle steigenden roten Imperialen Wachen, den antiken römischen Prätorianern nicht unähnlich, überhöhen das Zeremonielle, welche durch die Darbietung der Truppen ergänzt wird und im Kniefall Vaders vor der Rampe des Shuttles seinen inszenatorischen Höhepunkt findet – imposant verstärkt durch den Einsatz des *Imperialen Marschs* von John Williams auf der Ebene des Soundtracks.

Mit dem Moment, in dem der Imperator das Shuttle verlässt, setzt nun eine Irritation ein. Der Blick aus der Untersicht ist hierbei nicht Vaders PoV, hat dieser doch seinen Blick auf den Boden gerichtet, die Aufforderung seines Meister abwartend, sich erheben zu dürfen: Es ist der Blick des Zuschauers, der aufschaut. Um den sich nun vollziehenden, irritierenden Bruch der Erwartungen fassen zu können, was das wörtlich zu nehmende Erscheinen des Imperators betrifft, muss auch diese Szene allein und ohne den Kontext des Franchise betrachtet werden. Auf der Rampe des Shuttles, während des Abstiegs hinunter zu seinem ersten Diener, erscheint eine gebeugte, in eine Kapuzenkutte gehüllte Gestalt, deren Gesicht im Dunkeln liegt und daher nur halb zu erkennen ist (vgl. Abb. 9). Auch als sie Vader, nachdem dieser sich erhoben hat, durch das Spalier der eigenen Soldaten folgt, bleibt der größere Teil des Gesichtes wie auch der Augen im Dun-

---

19 THE EMPIRE STRIKES BACK hat diesbezüglich Vorarbeit geleistet. In dem Film bestraft Vader zweimal die Fehler seiner Untergebenen mit dem Tod. Vor diesem Hintergrund charakterisiert Vader den Imperator durch dessen Härte als schlicht *böser*.
20 Die Anlehnung an eine mögliche faschistische Ästhetik traf bereits den ersten Teil der STAR-WARS-Reihe 1977, und hier insbesondere die Endszene des Films, der Verleihung der Tapferkeitsmedaillen an die Helden. Auch diese gehen durch die geordnete Masse der spalierstehenden Soldaten der Rebellen zur Empore des Raums. Welcher Qualität der (zeitgenössische) Vorwurf war und was er treffen sollte, erschließt sich heute kaum noch. Dort jedoch, wo RETURN OF THE JEDI gerade daran interessiert ist, eine faschistische Machtorganisation in Szene zu setzen, läuft ein derartiger Vorwurf ins Leere.

Abb. 9: RETURN OF THE JEDI: Hexenmeister und Zauberlehrling.

keln; die kurzen Momente der Einsicht in das, was in und hinter der Kapuze liegt, deuten auf ein altes, faltiges wie auch weißes Gesicht hin.[21]

Lediglich seine Stimme, mehr einem Krächzen gleich, und seine über einen Gehstock gebeugte Haltung lassen kategoriale Urteile zu, in diesem Fall eben nur dieses, dass es sich um einen (sehr) alten Mann handelt. Der Film bleibt zunächst bei dieser Darstellung des Imperators, der im Film nur unter diesem Titel adressiert wird und keinen Eigennamen und, damit verbunden, auch keine Individualität erlangt. Bis zur Konfrontation mit Luke Skywalker und dem sich anschließenden Kampf zwischen Vader und seinem Sohn bleibt die Figur des Imperators im Darstellungsmodus des Alters, selten erhebt sich der Imperator von seinem Thron, benutzt in einigen der Szenen gar erneut, wie bereits bei seiner Ankunft, den Gehstock. Erst als Luke ihm gegenübersteht, wechselt die Kamera in eine Nahaufnahme seines Gesichts, die eine deutliche Differenz zum Mensch- oder vielmehr Menschlichsein aufzeigt: Seine Augen sind gelb. Die eigentliche Macht, die er in diesen Szenen ausübt, ist die politische Macht des oberen Befehlshabers über die Kriegsmaschinerie des Imperiums, die Möglichkeit des *Fire-at-will!*-Befehls, sowie die Macht des moralisch Bösen als Verführer,[22] der den angehenden Jedi zur dunklen Seite der Macht geleiten möchte – die Wiederholung einer ähnlichen Konstellation, wie sie zwischen Conan und Thulsa Doom inszeniert wurde. Dieses Verführen bleibt eines der Worte, also des Monologs, wie

---

21 Das weiße Gesicht ist zugleich auch ein Verweis auf die Blässe des Adels.
22 Der Name des Imperators, Palpatine, der im Film nicht genannt wird, hat seinen Ursprung nicht nur im Kino des New Hollywood (Senator Palantine aus Martin Scorseses TAXI DRIVER [USA 1976]), sondern verweist durch seinen etymologischen Ursprung auch auf den *palpator*, den Schmeichler und Verführer.

auch der Bilder, die er Luke am Panoramafenster seines Thronsaals sehen lässt: die Flotte seiner Freunde, der eine bittere Niederlage droht.[23] Die vom Imperator ausgeübte Macht ist bis auf einen kurzen Moment, in welchem er Lukes Handschellen mit einem einfachen Fingerzeig öffnet und von ihm abfallen lässt, rein symbolisch-politisch. Erst durch den Sieg Lukes über seinen Vater (Vader) im sich anschließenden Lichtschwertkampf wechselt der Imperator in den Modus der Fantasy, als aus seinen Händen blaue Blitze gefeuert werden, die Luke töten sollen (vgl. Abb. 10). Die Verweigerung, auf die dunkle Seite der Macht zu wechseln, soll so mit einem Leben gesühnt werden. Dieser eruptive Ausbruch magischer Gewalt lässt nicht nur den Zuschauer endlich verstehen, warum Vader vor dem Imperator das Knie beugt, sondern seine Erscheinung wirkt damit nun auch vollständig: Seine Inszenierung als Hexenmeister löst ihn vollends aus dem technisch-militärischen Komplex des Imperiums heraus und transformiert ihn zu einer Figur mit eigener Mythologie.

Abb. 10: Die Entfaltung der Fantasy: Die eigentliche Stärke des Imperators.

Der Tod des Imperators,[24] der Verrat durch Darth Vader, wird nunmehr klassisch inszeniert: Der Hybrissturz, hier in einen Schacht innerhalb des eigenen Thronraums, markiert nicht nur innerdiegetisch das Ende eines politischen Systems,

---

23 STAR WARS: EPISODE VIII – THE LAST JEDI [STAR WARS: EPISODE VIII – DIE LETZTEN JEDI] (USA 2017, Rian Johnson) wiederholt diese Szene, vom Öffnen der Handschellen bis zum Blick aus dem Fenster auf die sterbenden Freunde, löst sie jedoch anders auf.
24 Die Sequel-Trilogie erzählt in Episode IX STAR WARS – THE RISE OF SKYWALKER [STAR WARS: EPISODE IX – DER AUFSTIEG SKYWALKERS] (USA 2019, J. J. Abrams) von der Wiedergeburt des Imperators. Wurde er in der Prequel-Trilogie als machtbesessener Politiker inszeniert, bildet er im letzten Teil der Skywalker-Sage die Verkörperung des metaphysischen Bösen der diegeti-

sondern außerdiegetisch die Kehrseite einer vorher inszenierten Überheblichkeit der Figur, wie sie von Luke zuvor angesprochen worden ist: „Your overconfidence is your weakness." Der (audiovisuell inszenierte) Sturz des Antagonisten ist ein beliebtes Motiv der Fantasy, findet es sich auch im Ende von König Haggard in THE LAST UNICORN, des Herrn der Finsternis (wenn auch mit umgekehrten Vorzeichen) in LEGEND und, um erneut den Seitenblick zu öffnen, in Skeletors Fall in MASTERS OF THE UNIVERSE.[25] Der Fall beschreibt nicht nur eine Form des Gleichmachens, sondern markiert in seiner zeitlichen Struktur eine Umkehrung aller zuvor in Unter- und Aufsicht inszenierten Konfrontationen zwischen den rivalisierenden Parteien. Machttheoretisch bedeutet der Fall aber zugleich auch das Auslöschen und Verschwinden des repräsentierenden und herrschenden Körpers, wenn dieser aus der Handlung und damit zugleich dem Bildraum verschwindet. Die Frage, ob dieser Körper dann wirklich tot (oder auch nur versehrt) ist, bleibt so zumindest für den Zuschauer offen – und führt nicht selten in die Möglichkeit der Fortsetzung.[26]

Öffnet sich der analytische Blick auf die anderen Antagonisten des Fantasyzyklus, so fällt auf, dass sich diese oftmals in zwei Tendenzen der Inszenierung einteilen. Den (körperlich) unscheinbaren Herrschern, die ihre Macht häufig erst in einem späteren Kippmoment offenbaren – wie dem Imperator oder auch Königin Bavmorda aus WILLOW bzw. jener Inszenierung von Gegnern, denen zu eigen ist, dass ihre Macht eigentlich schon mit dem Beginn der Infragestellung der etablierten Ordnung ins Wanken geriet und an ein Ende kam (wie in LADYHWAKE oder THE LAST UNICORN) –, steht eine weitere Inszenierung des Antagonisten gegenüber, die deutlich werden lässt, warum die Figur des Antagonisten selten mögliche Ambivalenzen zulässt. Diese Inszenierungsform findet sich unter anderem in der ikonografischen Gestaltung des *Herrn der Finsternis* in LEGEND wie auch im *Horned King* (ein wenig unglücklich übersetzt mit *Der gehörnte König*)[27] in THE BLACK

---

schen Galaxis; also mehr Prinzip als Person und damit die Figur werdend, als die er immer schon gesehen wurde.

25 MASTERS OF THE UNIVERSE (USA 1987, Gary Goddard). Ein weiterer Film nebenbei, der Anteil hatte am Abebben der Welle der Fantasy und Space Opera Ende der 1980er Jahre im Kino.

26 So im Falle von STAR WARS wie auch der offen gehaltenen, jedoch nicht genutzten Möglichkeiten einer Fortsetzung durch End- bzw. Post-Credit-Szenen in FLASH GORDON und MASTERS OF THE UNIVERSE. In RETURN OF THE JEDI nahm der Sturz des Imperators eine Inszenierung von Machtfülle wieder zurück, da er letztlich durch einen einfachen Verrat und das simple Hinunterstoßen durch seinen Diener Vader (zeitweilig) zu Tode kam.

27 Im Namen trägt er als *Gehörnter König* somit immer schon den Verweis auf seine spätere Niederlage.

CAULDRON, dessen Erscheinung an den bereits erwähnten Antagonisten der 1983 begonnenen MASTERS-OF-THE-UNIVERSE-Reihe, Skeletor, erinnert.[28] Diese Formen der figürlichen Ausgestaltung greifen auf Typen zurück, die kulturgeschichtlich stets mit den Motiven des Bösen in Verbindung gebracht werden, so wie der rote, huffüßige Teufel in LEGEND oder eben das Gesicht eines Totenkopfes des Gehörnten Königs in BLACK CAULDRON.

Diese auf Kindererzählungen der 1960er Jahre basierende Literaturverfilmung markiert filmgeschichtlich einen interessanten Punkt, stellt der *Disney*-Film neben DRAGONSLAYER und RETURN TO OZ (USA 1985, Walter Murch)[29] doch ein weiteres Bemühen des Studios dar, sich möglichst erfolgreich an der Fantasy der Dekade zu beteiligen respektive sie mitzugestalten. Unter dem Aspekt des filmischen Bedeutungshorizontes, vor dem sich der Gehörnte König entfaltet, wie auch in seiner Gestaltung ist wohl von einer der erschreckenderen *Disney*-Figuren auszugehen. Die langen Fingernägel wie auch seine namensgebenden Hörner verweisen auf ein tierisch-animalisches Moment seiner Figur, sein Mantel hingegen durch den Pelzbesatz und die purpurne Farbgestaltung auf seinen Status und seine Funktion als König, wenngleich der Film offenlässt, über was er eigentlich herrscht. Auffällig ist das Durchstoßen der Hörner durch die Kapuze seines Mantels; ein Indiz, dass sich das Tierische also nicht durch den bildlichen Deckmantel der Zivilisation zurückhalten lässt. Sein Gesicht hingegen steht für den Tod, für das Gestorbene, und rückt ihn zugleich, da er doch eben nicht tot, sondern lebendig ist, in den Bereich des Unnatürlichen. Anders als bei Skeletor bildet jedoch kein blanker, im Dunkeln einer Kapuze schwebender Totenschädel das Gesicht des Königs. Auch im Zeichentrick ist an ihm weiterhin grün-bräunliches und damit als verrottend markiertes Fleisch zu erkennen; seine Arme hingegen sind die kräftigen Arme eines Menschen, wäre hier nicht ihre grünliche Farbe (vgl. Abb. 11). Die Unnatürlichkeit des nicht sterben wollenden Toten wird durch den magischen Aspekt erweitert, der einen natürlichen Prozess organischer Verwesung in einem permanenten Jetzt aufrechterhält. So geht es im Film auch weniger um das Stürzen einer Ordnung, selbst wenn die Figuren auf einen Krieg rekurrieren, der in fernen Ländern tobt, sondern um das Ausschalten einer Gefahr, die es dem König erlauben würde, noch mächtiger zu werden. Diese Macht, Tote wieder zum Leben zu erwecken, die

---

28 Gerade die Verbindungen zwischen den Filmen und den US-amerikanischen Kinderserien der 1980er Jahre wäre auf diese Diffusion von Phänotypen hin zu befragen. So ähnelt z. B. ein Antagonist der CARE BEARS [GLÜCKSBÄRCHIS] (u. a. 1985–1988), Professor Coldheart, König Haggard aus THE LAST UNICORN.
29 Bei dem Film handelt es sich um eine Fortsetzung des 1930er Jahre-Klassikers THE WIZARD OF OZ [DER ZAUBERER VON OZ] (USA 1939, Victor Fleming), jedoch nicht als Musical.

durch den Zauberkessel[30] (dem *Black Cauldron*) erreicht werden soll, vermag auf der Ebene der Erzählung dazu dienen, die Armee des Gehörnten Königs zu vergrößern. Auf der Ebene der Bedeutung markiert der Vorgang jedoch ein Heraufbeschwören der Vergangenheit oder eher: vergangener Zeiten, die so den natürlichen Fortgang der Entwicklungen verhindern, wenn das Alte heraufbeschworen wird, um das Neue zu vernichten. Dass der Gehörnte König im Film für das Alte, das Überkommene, Morsche und Hinfällige steht, lässt sich in seinem Auftreten wie auch an seiner Burg und seinem Land aufzeigen. THE BLACK CAULDRON übernimmt jene Topoi, die auch in anderen Filmen des Zyklus, vom LAST UNICORN und LEGEND bis zu WILLOW ausstaffiert werden. Die Antagonisten der Filme residieren in verfallenen Gemäuern und Ruinen (THE BLACK CAULDRON, THE LAST UNICORN) oder in einem unwirtlichen Land, dessen Vegetation vollkommen zerstört scheint (THE BLACK CAULDRON, THE LAST UNICORN, LEGEND, WILLOW). Die Protagonisten bewegen sich somit stets vom Grünen ins Braune, Graue und Schwarze, aus der üppigen Natur heraus in kahle Landschaften aus Sand, trockenem Boden und umfassender Leere. Dieser äußerliche Verfall, inszeniert im körperlichen (und räumlichen, d. h. landschaftlichen) Niedergang der Antagonisten, erhält nun in Jim Hensons THE DARK CRYSTAL eine weiterführende wie vertiefende Bedeutung, an dem der dekadente Aspekt der Filme herausgearbeitet werden soll.

Abb. 11: THE BLACK CAULDRON: Disneys Gehörnter König.

---

30 Im Vorspann des Films wird durch ein Voiceover die Genese und Mythologie des Kessels offenbart, der seine Existenz dem Leben und Niedergang eines anderen bösen Königs verdankt.

Hofstaat: THE DARK CRYSTAL

In seinem Essay *Kino der Dekadenz: Verwöhnt, verrucht, verdorben*[31] entwirft der Kulturwissenschaftler Georg Seeßlen eine Tour de Force durch die Geschichte des Kinos. Seeßlen fragt nicht nach einem spezifischen (film-)historischen Ort, an dem sich ein mögliches Kino der Dekadenz[32] ausgebildet hat, er entwirft vielmehr zwischen verschiedenen Polen eine Kartierung, die unter anderem Schlagworte wie *Ästhetik, Macht, Ökonomie, Faschismus* und *Zukunft* aneinanderreiht.[33] Das genuine Genre, das diese Form des Kinos ausgebildet hat, so Seeßlen, ist das Historiendrama, seine Hochzeit die späten 1960er und 1970er Jahre des europäischen Kunstkinos und Autorenfilms. Besonders in den Arbeiten Luchino Viscontis und Bernardo Bertoluccis, aber auch bei Liliana Cavani und Pier Paolo Pasolini[34] präsentiert sich ein Kino, welches der Filmwissenschaftler Marcus Stigleger unter dem Begriff des *Sadiconazista*[35] zusammenfasst; ein der Pulpliteratur Italiens entnommener Neologismus, zusammengesetzt aus der Zeit der Handlung jener Filme, dem deutschen Nationalsozialismus respektive italienischen Faschismus, und der expliziten, pervertierten sexuellen Komponente.

Will man den Aspekt der Dekadenz für die Fantasyfilme der 1980er Jahre fruchtbar machen, so muss der Begriff aus diesem (filmhistorischen) Umfeld, nicht zuletzt aus seinen sexuellen Konnotationen, gelöst werden; nicht nur, weil die Kluft zwischen den Filmen des Genres und jenen der 1970er Jahre nicht größer ausfallen kann, sondern auch, weil die Filme nahezu jegliche sexuelle Komponente vermissen lassen.[36] Die Filme, die Stiglegger ins Zentrum seines Interesses rückt, greifen jedoch alle auf historische Epochen zurück, die selbst in einer Zeit

---

31 Georg Seeßlen: Kino der Dekadenz: Verwöhnt, verrucht, verdorben [2019]. In: *epd Film*. Auf: https://www.epd-film.de/themen/kino-der-dekadenz-verwoehnt-verrucht-verdorben (Zugriff 01. August 2022).
32 Zur Geschichte des Begriffs siehe: Kristina Jaspers: Das Kino der Dekadenz. Nietzsches Kritik als filmische Analyse. In: Jan Drehmel / dies. / Steffen Vogt (Hrsg.): *Wagner Kino. Spuren und Wirkungen Richard Wagners in der Filmkunst*, Berlin 2013, S. 110–119.
33 Begriffe, die sich in ähnlicher Form auch auf THE DARK CRYSTAL oder andere Filme des Zyklus applizieren lassen.
34 Vgl. hier LA CADUTA DEGLI DEI [DIE VERDAMMTEN (GÖTTERDÄMMERUNG)] (I / BRD 1969, Luchino Visconti); IL CONFORMISTA [DER GROßE IRRTUM] (I / F / BRD 1970, Bernardo Bertolucci); SALÒ O LE 120 GIORNATE DI SODOMA [DIE 120 TAGE VON SODOM] (I / F 1975, Pier Paolo Pasolini) sowie IL PORTIERE DI NOTTE [DER NACHTPORTIER] (I 1974, Liliana Cavani).
35 Vgl. Marcus Stiglegger: *Sadiconazista. Sexualität und Faschismus im Film der siebziger Jahre bis heute*, St. Augustin 1999.
36 Das Ausbleiben inszenierter Sexualität (in manchen Fällen gar vorsichtige Körperlichkeit) ist dem (US-amerikanischen) Genre auch nach den 1980er Jahren inhärent geblieben.

des Umbruchs zu verorten sind: zwischen der Weimarer Republik und dem sogenannten ‚Dritten Reich', zwischen der Herrschaft der Nationalsozialisten und Faschisten und dem Zusammenbruch beider Regime. Eben dies haben sie mit dem Fantasyfilm der 1980er Jahre gemein: Ihre Erzählungen setzen ebenso bei Umbruchsituationen an, zeigen das Morsche und Alte eines erschreckenden und repressiven Systems auf und wollen durch die Handlungsmacht der Protagonisten, gegen dessen Ungerechtigkeit vorgehen. Dekadenz ist hier somit vor allem als ein der Geschichtstheorie entlehnter Begriff zu verstehen, die Historie als Verlauf von Aufstieg und Niedergang beschreib- und analysierbar erscheinen lässt und diesen im Mikrokosmos der Filme erfahrbar macht – erfahrbar nicht als *die* Geschichte, wie es an den Filmen des Kinos der Dekadenz durchaus der Fall wäre,[37] sondern als Erfahrung *von* Geschichte und deren Verlauf.

Jim Hensons THE DARK CRYSTAL, dessen *dekadenter Kern* durch das 2019 vom Streaminganbieter *Netflix* produzierte Prequel THE DARK CRYSTAL: AGE OF RESISTANCE noch deutlicher zum Tragen kommt, steht nach STAR WARS emblematisch für diesen Aspekt des Genres,[38] in den 1980er Jahren und darüber hinaus.

Ein weiterer Gesichtspunkt des Kinos der Dekadenz, den Seeßlen aufwirft, spielt in THE DARK CRYSTAL eine besondere Rolle: Dort, wo sich der Aufstand der Unterdrückten gegen eine spezifische Form der Macht und Ökonomie wendet, muss diese gleichzeitig mit Inszenierungen der Herrschaft verbunden sein, die für das jeweils agierende Politische stehen. Ein Akt des Politischen, der sich häufig – dies wurde bereits angedeutet – gegen ein Feudalsystem und dessen Vertreter, gegen Herrscher, Könige und Kaiser richtet. Es würde hier jedoch zu kurz greifen, diesen Umstand nur auf die Verbindung der Fantasy mit der (historischen wie auch fantasmatischen) Epoche des Mittelalters zurückzuführen, wie es in DRAGONSLAYER und EXCALIBUR explizit der Fall ist. THE DARK CRYSTAL, der seine Handlung schon mit dem Intro dezidiert auf einem anderen Planeten verortet, lässt die Bezüge zur (Erd-)Geschichte völlig außen vor. Bei Jim Hensons Film handelte es sich nun, anders als später bei LABYRINTH, um einen rei-

---

37 Vgl. dazu Hermann Kappelhoff: Die Sinnlichkeit einer anderen Zeit. Zur Frage des Erinnerungsbildes in Viscontis Historien. In: Thomas Koebner / Irmbert Schenk (Hrsg.): *Das goldene Zeitalter des italienischen Films. Die 1960er Jahre*, München 2008, S. 181–201.
38 Mit seiner Beschreibung des Genrezyklus des fantastischen Kinos als „Aufstieg, Fall und Comeback" beschreibt Sassan Niasseri auch eine Dekadenzerzählung von Aufstieg und Niedergang und stellt das Genre zugleich in die filmhistorische Tradition größerer, sich meist an Hollywood abarbeitender Narrative, beispielsweise den Aufstieg und Fall des Studiosystems. Vgl. Sassan Niasseri: *A Lifetime Full of Fantasy. Das phantastische Kino. Aufstieg, Fall und Comeback*, Marburg 2021.

nen Puppenanimationsfilm;[39] eine Technik, die dem Zuschauer in den 1980er Jahren bereits durch Kinderserien wie SESAME STREET (ab 1969) wie auch der von Henson erschaffenen MUPPET SHOW (ab 1976) bekannt war. Dennoch trägt in THE DARK CRYSTAL der Einsatz der Puppen zu einer Verfremdung bei, die dem Planeten und seinen Bewohnern den Modus des Andersartigen oktroyiert. Sind daher die recht statischen Gesichtszüge des Protagonisten, des Gelflings Jen, durch den zeitgenössischen Stand der Technik zu erklären, so verleihen sie ihm doch in der Wirkung des Films und seinem Eingewobensein in die Ausgestaltung des Planeten einen melancholischen Wesenszug, der sich mit einem weiter unten ausgeführten Aspekt der Fantasy trifft (vgl. Abb. 12).

Abb. 12: THE DARK CRYSTAL: Die Starrheit der Puppen.

Die sich im Film entfaltende Welt Tha ist in ihrer Gänze von einem Dualismus beherrscht, dessen Wirkmacht zu Beginn der Handlung an ein Ende gekommen ist. Der titelgebende dunkle Kristall und das Herauslösen eines Splitters aus selbigem haben es vor und seit 1000 Jahren den vogelartigen Skeksen erlaubt, sich die Welt von Tha Untertan zu machen. Ausgesandt von den weisen Uru, soll Jen den fehlenden Splitter zurück zum Kristall bringen, um die Welt zu heilen und die Herrschaft der Skekse zu beenden. Bereits im Verlauf des Films wird dem Zuschauer klar, dass Uru und Skekse in einer Symbiose zueinanderstehen, die sich augenscheinlich als die widerstreitenden Aspekte von Gut und Böse definieren lässt. Stirbt ein Mitglied der Skekse, was z. B. beim Tod ihres Imperators als ein rascher Verfall des Leichnams inszeniert wird, so findet zugleich das Leben eines Urus ein Ende, dessen Körper sich auflöst und verschwindet. Der Film beginnt im erzählenden Voiceover, das vom Unter- und Niedergang der Skekse berichtet, von ihren unnatürlichen („twisted") Körpern und ihrem unnatürlichen Geist; eine

---

[39] Zur Technik der Filme vgl. Niasseri: *A Lifetime Full of Fantasy* sowie auch Julie A. Turnock: *Plastic Reality. Special Effects, Technology, and the Emergence of 1970s Blockbuster Aesthetics*, New York (NY) 2015.

sterbende Rasse, die von einem sterbenden Herrscher angeführt wird. Noch vor dem Titel des Films zeigt das Bild das Schloss der Skekse, eine verwachsene, schwarze Ruine, die sich kaum vom dunklen Himmel abhebt; ähnlich wie in anderen Filmen des Zyklus umgeben von einem Land, auf dem keine Pflanzen mehr zu existieren scheinen. Im Inneren des Schlosses haben sich die Skekse versammelt, um mittels des Kristalls die Energie der Sonne (und damit indirekt auch die Energie von Tha) anzuzapfen, um ihr bereits unnatürlich langes Leben abermals zu verlängern.

Der Film inszeniert den ersten Auftritt der Skekse im Zustand des Stillstands: Die Kamera umrundet die versammelten Kreaturen vor und um den Kristall herum, ohne dass sie sich bewegen; nur der Rauch, der aus der Grube unter dem in der Luft schwebenden Kristall aufsteigt, deutet an, dass Zeit vergeht, es die Skekse sind, die wie eingefroren erscheinen. Eingefroren als Teil eines Rituals, dessen Sinn sich nach 1000 Jahren leergelaufen hat. Erst die Einblendung des Titels setzt sie und damit auch den Ritus in Bewegung. Die ersten Minuten des Films entfalten sodann ein höfisches Zeremoniell, dass das Sterben eines Herrschers und die Auswahl eines neuen beinhaltet. Sind die Skekse Teil eines Ganzen, so fällt an ihnen, im Kontrast zu den Uru, auf, dass sie selbst aus zwei Aspekten zusammengesetzt wirken, aus einem leiblichen sowie einem repräsentativen Körper. Die Skekse sind in ihrer Ausgestaltung riesigen Vögeln nachempfunden, weisen eine Ähnlichkeit zu Geiern auf, die als Aasfresser nicht nur mit Tod, Verfall und Verwesung assoziiert werden, sondern auch in einem anthropomorphisierenden Schritt als feige gelten, stürzen sie sich bekanntlich erst auf das Opfer, wenn dieses schon das eigene Leben ausgehaucht hat. Ohne ihr Ornat sind die Skekse selbst dem Verfall übergebene Wesen, deren Körper ausgemergelt, dünn und schwach erscheinen, die Gesichter eingefallen und verrottend (vgl. Abb. 13). Auffällig ist, dass sich unter ihnen kein weibliches Geschöpf befindet, sie als rein männliche Gemeinschaft vom Aussterben bedroht sind, da eine Fortpflanzung nicht möglich scheint.[40] Der repräsentative Leib der Skekse besteht aus ihren Gewändern. Der Ausschluss aus ihrer Gemeinschaft ist daher verbunden mit einer Entkleidung, dem Verlust der Statussymbole, der den herrschenden Leib in eine jämmerliche Erscheinung transformiert.[41] Behangen mit Stoffen, die

---

40 Das Prequel hebt dies wiederum auf und präsentiert weibliche Vertreter der Skese. Auch die Gemeinschaft der Uru scheint im Film nur aus Männern respektive männlich konnotierten Mitgliedern zu bestehen.
41 Eine Art der Bestrafung, wie sie auch in Johannes Schaafs (qua Vorlage: Michael Endes) MOMO (BRD / I 1986) stattfindet, wo den Grauen Herren bei ihrem Versagen Hut und Zigarre abgenommen werden. Richtigerweise lösen diese sich nach dem Verlust ihrer symbolischen Macht schlichtweg auf.

einst prunkvoll gewesen sein mögen, verdoppeln sie so ihre Erscheinung, erhalten ein eher rundes Aussehen und schmücken sich mit Kopfbedeckungen, Federn, Kragen und juwelenbesetzten Stäben, um den Eindruck eines herrschaftlichen Auftretens zu erwecken, das aber, und das ist der Kern der Welt von Tha, ins Leere zielt. Zwar beherbergt der Hofstaat der Skekse Wachen und Diener, doch gibt es kein Volk mehr, auf das ihr Anspruch auf Herrschaft gerichtet ist. Die Repräsentation ihrer (politischen) Macht fungiert lediglich als Perpetuum Mobile, welches sich so lange aufrechterhalten lässt, wie sie selbst leben. Herrschaft um der Herrschaft willen als politisches Handeln, das kein Objekt mehr kennt.

Abb. 13: Die Inszenierung und der Verlust von Opulenz.

Diese Form des Nichts, auf die sich das Agieren der Skekse richtet und die sich innerdiegetisch aus ihrer Angst vor dem eigenen Untergang und Tod speist, findet eine Entsprechung in der Ausgestaltung der Welt Tha und einem dominierenden Gefühl der Leere bei ihrer Erkundung; dem Überangebot an Natur, dort wo es noch vorkommt, mangelt es an einer Ausgestaltung des Spezifischen und Individuellen (vgl. Abb. 14). Diese Leere setzt sich im Film aus verschiedenen Aspekten zusammen. Auch in THE DARK CRYSTAL findet sich der Topos der vernichteten Natur, die den Ort der Antagonisten umgibt, da diese sich als die Zerstörer der Umwelt erweisen. In einem Match-Cut schneidet der Film von der üppigen Vegetation Thas, durch die sich Jen und später auch Kira, seine Begleiterin, fortbewegen, zu den speisenden Skeksen an der Tafel ihres Schlosses, die eben jene Natur in Gestalt von nunmehr toten Lebewesen gierig verschlingen (vgl. Abb. 15).[42]

---

42   Vgl. THE DARK CRYSTAL, TC: 00:36:32.

Abb. 14: Eine belebte und doch eigenwillig leere Welt.

Abb. 15: Lebendige und tote Natur.

Je weiter Jen auf seiner Reise vordringt, umso karger und farbloser wird das Land. Die von den Skeksen erfundene Vorrichtung, die es ihnen mithilfe des Kristalls erlaubt, aus anderen Lebewesen Energie herauszusaugen, findet ihre Entsprechung in der Öde und Leere, die sie umgeben. Mehr noch aber wird das Gefühl der weltlichen Leere durch einen Mangel an Individualität gestützt: Die Uru und die Skekse fungieren als Verkörperungen von Prinzipien, die im Film keinen Namen erhalten und auch im Abspann nur durch ihre jeweilige Funktion adressiert werden. Die Diener (Podlinge) und Wachen (Garthim) der Skekse hingegen sind willenlose, ihres Widerstands beraubte Wesen respektive animierte Hüllen, die just in sich zusammenbrechen, als die Herrschaft der Skekse ein Ende findet.[43] Damit greift der Film einen weiteren Topos der Fantasy auf: Das Zusammenbrechen der (politischen) Ordnung wird wiederholt mit dem Auseinanderfallen des

---

[43] Auch hier findet sich in einer weiteren Michael-Ende-Verfilmung ein ähnliches Motiv, audiovisuell in Szene gesetzt in THE NEVERENDING STORY II: THE NEXT CHAPTER [DIE UNENDLICHE GESCHICHTE II – AUF DER SUCHE NACH PHANTÁSIEN (D 1990, George Trumbull Miller), wo sich die Giganten, die Helfer der Hexe Xayíde, gleichfalls als hohl erweisen und implodieren, als die Macht ihrer Anführerin gebrochen wird.

Schlosses, der Burg oder dem Hort der Antagonisten verbunden.⁴⁴ Der körperlichen Desintegration folgt die materielle. In THE DARK CRYSTAL bricht die Burg der Skekse jedoch nicht auseinander, sondern wird freigelegt, befreit von der schwarzen Oberfläche, einer materiellen Patina, die 1000 Jahre über dem Gebäude und dem Land lag. Unter ihr wird eine kristalline Struktur sichtbar, die auf eine Natur hernieder funkelt, die endlich wieder aufblühen kann, als habe sie nur auf diesen einen Augenblick gewartet (vgl. Abb. 16).

Abb. 16: Der dunkle und der helle Kristall.

Das Angebot einer möglichen Individualität des Films liegt jedoch vielmehr aufseiten der Gelflinge Jen und Kira. Ihre Individualität geht nun sogar soweit, dass es sich bei beiden um die jeweils letzten Überlebenden ihrer Spezies handelt, die die Skekse einst aufgrund einer alten Prophezeiung haben ausrotten lassen, dem

---

44 In der Space Opera findet dies z. B. auch durch die Explosion bzw. Zerstörung des ersten und zweiten Todessterns in STAR WARS respektive RETURN OF THE JEDI statt.

neutestamentarischen Kindsmord König Herodes' nicht unähnlich. Ihre Entfremdung voneinander hat eine derart große Kluft entstehen lassen, dass zumindest Jen den Unterschied zwischen den Geschlechtern erst lernen muss; innerdiegetisch in der Fähigkeit und biologischen Differenz der Gelfling-Frauen, fliegen zu können (was den Männern vorenthalten ist), außerdiegetisch in der Konfrontation mit der Tatsache, dass es neben ihm selbst ein anderes, eben weibliches Prinzip gibt. Die Vollendung des einst durch den Splitter gebrochenen Ganzen des Kristalls wird somit nicht nur auf Ebene der Uru und Skekse vollzogen, die sich nach der Heilung des Splitters verschmelzend zu den urSkeksen wandeln, sondern auch im Mann- und Frauwerden von Jen und Kira. Erst dann wird durch die urSkekse der Schöpfungsauftrag an sie erteilt, sich diese Welt, das nun geheilte Tha, Untertan zu machen – und, man ahnt es, diese zu bevölkern. Man bemerkt eine Vielzahl offener christlich-theologischer Motive in einem Film, der sich qua Entfernung („another world, another time"[45]) zumindest innerdiegetisch nicht mit dem Christentum (und damit verbunden den Menschen) auseinandersetzen muss. Das neue (und wohlmöglich hoffnungsvolle) Leben nach dem Ende der einen Herrschaft, am Beginn einer neuen Zukunft, bleibt hier, wie so oft, der Imagination der Zuschauer überlassen – oder einem möglichen Sequel.

Exkurs: Der audiovisuelle Überschuss der Fantasy

Auf ihrer Reise, das kleine, noch namenlose Menschenkind zurück zu den Seinen zu bringen, gelangen der Nelwyn Willow Ufgood, ein angehender Zauberer, der Magie bisher nur als Trickserei beherrschte, und die Delegation seines Dorfes an eine Kreuzung inmitten weiter Flur.[46] Die unbefestigten, lehmigen Pfade in Ron Howards Inszenierung des nach der Hauptfigur benannten Films, WILLOW, sind gesäumt von Feldern und Wiesen, auf denen wild das Gras wächst. Dort, wo sie rasten, finden sie zwei Käfige vor. An einem Holzgestell befestigt wirken sie längst so verrostet und das Holz an ihnen so morsch, dass ihre Funktionalität fragwürdig erscheint – doch die Käfige funktionieren noch: In einem von ihnen findet die Gruppe ein Skelett, in einem anderen einen Menschen, der, so scheint es, bereits eine Zeit lang in diesem Käfig gefangen gehalten wird. Der Mann mit den langen, schwarzen Haaren und den schlechten Zähnen bietet sich, nachdem er die Reisenden zunächst erschreckt hat, zum Entsetzen Willows als jener mögliche Mensch an, der sich des kleinen Babys annehmen könnte. Es entbrennt ein Streit unter den Nelwyns, nach-

---

45 THE DARK CRYSTAL, TC: 00:00:35.
46 WILLOW, TC: 00:25:19 ff.

dem Willow und sein Freund Meegosh gemeinsam mit dem Baby und dem Menschen im Käfig an der Kreuzung zurückbleiben. Am nächsten Morgen, der Mann im Käfig stellt sich als Madmartigan vor, reitet zunächst ein einfacher, behelmter Reiter am Weg neben den Käfigen und den aufwachenden Nelwyns vorbei. Erst als ein zweiter Reiter auf demselben Weg an der Gruppe vorbeikommt, versucht Willow den Reiter anzuhalten – und scheitert. Bereits nach wenigen Augenblicken folgt eine ganze Arme von berittenen wie bewaffneten Soldaten in schwerer Rüstung, begleitet von einem Mann zu Pferde, dessen Helm golden schimmert und ihn dadurch als Anführer kennzeichnet. Dieser Reiter kommt mit Willow und Meegosh ins Gespräch, wird dann aber vom Mann im Käfig abgelenkt. Er, der von Madmartigan mit dem Namen Airk angesprochen wird, beginnt davon zu berichten, dass die Nockmaar-Armee weiter vorgerückt sei und Galladoorn[47] inzwischen gefallen wäre. Die bevorstehende Schlacht ließe es kaum zu, so Airk weiter, dass er sich um die Sicherheit eines Babys kümmern oder Madmartigan aus seinem Käfig entlassen könne. Die Armee zieht weiter, die vier bleiben alleine auf der Kreuzung zurück (vgl. Abb. 17).

Abb. 17: Willow: Die Möglichkeiten einer Wegkreuzung.

---

47 Galladoorn, wie auch sein Fall, wird schon vorher im Film kurz von General Kael aufseiten der Antagonisten erwähnt.

Die Beschreibung der Szene dient nunmehr einem kurzen Exkurs, der die Poetik der audiovisuellen Fantasy vor, während und auch nach den 1980er Jahren genauer kennzeichnen soll. Der Film wendet mit den ihm eigenen Mitteln eine Technik an, die bereits die literarische Fantasy als essenziellen Teil ihrer Poetik charakterisiert. Daniel Illger entfaltet diesen Aspekt in seiner Auseinandersetzung mit der Fantasy des Computerspiels anhand der Arbeiten J. R. R. Tolkiens.[48] Als Beispiel dienen Illger die Katzen der Königin Berúthiel, die vom Waldläufer Aragorn in *The Fellowship of the Ring* (1954) erwähnt werden. Aragorn möchte, dass die Gemeinschaft des Rings auch in der Dunkelheit der ehemaligen Zwergen-Mine Moria dem Wissen, Worten und Erfahrungen des sie führenden Zauberers Gandalf Vertrauen schenken: „He is surer of finding the way home in a blind night than the cats of Queen Berúthiel."[49] Illger verweist an dieser Stelle auf Tom Shippeys Argument, dass Tolkien durch diesen Aspekt im Satz des Waldläufers suggeriert, dass es „eine Geschichte außerhalb der Geschichte gibt, eine große weite Welt, von der man im Augenblick nur einen kleinen Ausschnitt sieht"[50]. Denkt Shippey an Tolkiens Roman, so müsste es bei ihm medienspezifischer heißen: liest. Eben aber um diese „große weite Welt" und die „Geschichte außerhalb der Geschichte" geht es beim Beispiel des Films WILLOW. Die Poetik der filmischen Fantasy ist darum bemüht, in ihren Inszenierungen einen audiovisuellen Überschuss zu produzieren. Dieser (audiovisuelle) Überschuss ist nicht identisch, wohl aber verwandt, mit Formen der Transgression und des Exzesses, die dem Genre nicht selten den Kitsch-Vorwurf einbrachten oder in ihrer überbordenden Ausgestaltung unverständlich blieben, wie zum Beispiel, und dazu weiter unten mehr, das permanente Durchdrungensein der Luft mit Pollen, Seifenblasen und Schnee in Ridley Scotts LEGEND.

Die reisende und nun rastende Gruppe Nelwyns an der Wegkreuzung zum Reich der Daikini (der Menschen im Film) macht den Zuschauer neugierig: Was sind dies für Käfige? Wer hat sie gebaut? Warum ist Madmartigan in einem dieser Käfige gefangen? Was ist Galladoorn und was ist dort passiert? Woher kennen sich Airk und Martigan? Was ist die Nockmaar-Armee? Der Film bringt es schon vorher auf den Punkt: Als die Gruppe an der Kreuzung ankommt, schrillt ein nahezu unmenschlicher Schrei durch die Wildnis, der zu der simplen, aber poetologisch wichtigen Fragen führt: „What was that?" Und genau darum geht es. Diese Frage(n) beziehen sich nicht nur auf den Dialog (Audio), sondern auch auf alles, was im Bildraum (dem Visuellen) vom Zuschauer erfasst, gese-

---

[48] Vgl. Daniel Illger: *Grüne Sonnen: Poetik und Politik der Fantasy am Medium Videospiel*, Berlin 2020.
[49] Tolkien, zitiert nach Illger: *Grüne Sonnen*, S. 46.
[50] Shippey, zitiert nach Illger: *Grüne Sonnen*, S. 46.

hen und auf eine jeweils eigene Geschichte hin befragt wird. Erst dieses *Mehr* lässt die Welten erfahrbar werden als etwas, das seinem „Wesen nach in einer [stetigen] inneren Bewegung begriffen"[51] ist. Shippeys Argument wäre noch dahingehend zu ergänzen, dass es hier nicht nur um die Welt und deren mögliche Weite geht, sondern auch um die Geschichte dieser Welt, die im *Es war einmal* einer Erzählung ihren prägnanten Kern offeriert.

Der Einwand, dass dies auch in anderen Filmen der Fall sein könnte, gerade in denen, die sich nicht der Fantastik (auch im Sinne von Horror und Science-Fiction) zurechnen lassen, ist nur bedingt gültig, geht es in der Fantastik doch immer um das Fremde, das Andersartige und um nicht zum eigenen Erfahrungszusammenhang zählende Aspekte der Filme, die in ihrer Rückführung zum Erfahrungshorizont des Zuschauers erst erschlossen werden müssen. Würde die oben beschriebene Szene in einem Drama stattfinden und ein Paar zeigen, dass sich in einem Café an einer New Yorker Kreuzung trifft, so könnte der Zuschauer sicherlich auch hier neugierig danach fragen, wann dieses Café erbaut wurde, wer der Kellner hinter der Theke sein mag und, bleibt man in der Fiktion, warum an der Wand ein Bild von Edith Piaf zu sehen ist. Allerdings stehen diese Fragen und das Gesehene stets in Bezug zur eigenen außerfilmischen Erfahrungswelt, im Gegensatz zu den Geschehnissen der Fantasy und des Fantasyfilms.[52] So kennt der Zuschauer die Weite des Raumes außerhalb eines New Yorker Cafés (oder meint sie zu kennen) eben und gerade durch das Wissen, das der Zuschauer (erfahrungswie medial bedingt) immer schon von der Welt hat. Der Fantasyfilm (der 1980er Jahre) hingegen betreibt durch seinen audiovisuellen Überschuss (s)eine Form des World Building, das eben in der hier zentral gesetzten Dekade durch die Veränderungen des Films, seiner Tricktechnik und Erzählweise in besonderem Maße umgesetzt wurde. Richtig ist, dass die Filme dies nicht in jeder Szene erfüllen, sondern dem aufmerksamen Zuschauer als Angebot offerieren, welches gleichfalls nicht mit dem postmodernen Spiel der (pop-)kulturellen Zitate eines Films identisch ist.

Jedoch kennt die Fantasy, und daran lässt sich erneut ihre Nähe zur Space Opera festmachen, Szenen, in denen die Ausgestaltung dieses audiovisuellen Überschusses sehr deutlich umgesetzt werden. Gemeint sind damit die sogenannten Hofstaatszenen,[53] wie sie sich in FLASH GORDON am Hofe Imperator Mings oder auch am Hof der *Kindlichen Kaiserin* in Wolfgang Petersens Verfil-

---

51 Illger: *Grüne Sonnen*, S. 47.
52 Dies soll explizit kein Argument für das eskapistische Potenzial der Filme sein. Vgl. dazu die Einführung in diesem Essay.
53 Diese Szenen müssen nicht an einen politischen Hof gebunden sein; ähnliche Szenen finden sich auch in STAR WARS in der Cantina auf Mos Eisley wie auch in RETURN OF THE JEDI in Jabbas Palast, wenngleich es sich hierbei auch um einen Hofstaat handelt.

mung des Michael-Ende-Buches *Die Unendlichen Geschichte*⁵⁴ finden. Diese Szenen, moderne Inszenierungen sogenannter Wimmelbilder, sind Momente der Versammlung, bei denen aufseiten der Produktion die Maskenbildner den wichtigsten Teil der Arbeit übernehmen und anhand der dargestellten Figuren in besonderer Art und Weise das Interesse des Zuschauers geweckt werden soll. Es geht nicht, wie bereits angedeutet, um eine Überwältigung des Zuschauers, wie es mit den Mitteln des (modernen) Blockbusters vonstattengehen könnte, sondern um das Entfachen seiner Neugier auf die Figuren, Geschichten und Ereignisse dieser Welt, die ein Fantasyfilm andeutet, aber nicht explizit in Szene setzt.⁵⁵ Ein audiovisueller Überschuss eben, weil diese Andeutungen nicht zwingend notwendig sind, um die Handlung zu verstehen, sondern Zusatz bleiben.⁵⁶ Gerade aber in ihrer Fülle bieten sie im besten Falle das Material zur Fortsetzung und Serialität des Genres im Medienverbund, aus denen sich Pre- wie Sequel ausgestalten lassen. Erneut ist dies eine Entwicklung, die zumindest in Bezug auf den damals neuen Großfilm Hollywoods in den 1980er Jahren ihren Anfang nahm.

---

54 The NeverEnding Story / Die unendliche Geschichte (USA / BRD 1984, Wolfgang Petersen).
55 Zuweilen finden diese Szenen auch nur im Mono- oder Dialog statt, wie eine namentliche Aufzählung der im Wald lauernden Gefahren als Warnung an die jüngere Generation, beispielsweise die Warnung der Bäuerin an Prinzessin Lily in Legend oder die des Räuberhauptmannes Mattis an seine Tochter Ronja in Ronja Rövardotter [Ronja Räubertochter] (SWE / NOR 1984, Tage Danielsson).
56 Mit Illger wäre hier zu argumentieren, dass gerade dieser Überschuss den Genuss in der Rezeption der Fantasy produziert, der sich als weiteres Merkmal einer Affektpoetik des Genres bestimmen lassen kann.

4 Christentum

Tolkiens Theologie

Nur wenige Filme des Zyklus nehmen explizit Bezug auf das Christentum. In John Bormans EXCALIBUR wie auch in Matthew Robins' DRAGONSLAYER nimmt die in Erscheinung tretende Religion eine immanent wichtige Funktion ein, indem sie für den Übergang und den Einbruch einer neuen Zeit steht. Spätestens mit THE DARK CRYSTAL inszenieren die Filme Welten, die nicht an die Geschichte der Zuschauer gebunden sind und offenlassen, ob es sich um eine mythische Vorzeit der menschlichen Geschichte handelt. So ist es in ihnen eben nicht das (weltliche) Mittelalter, das meist von seiner Peripherie, von seinem Anfang oder seinem Ende her gedacht wird, die Schwelle in den Blick nehmend, die von der Antike kommt oder in die Neuzeit hineinführt.[1] Der einleitende Text der STAR-WARS-Filme, *a long time ago in a Galaxy far, far away*, gilt so auch, ohne dass in jedem der vorliegenden Filme explizit auf solch einen Paratext und Rahmung zurückgegriffen wird. Spätestens hier wird mit einem irrigen Paradigma des Genres gebrochen, dass sich die Handlung der Filme stets in einem (irdischen) Mittelalter entfalten muss. Die Filme sind daher so lange nicht mit den Ereignissen einer mit dem Zuschauer geteilten Historie verbunden, ehe der Film dies explizit ausführt. Dies kann durchaus subtil geschehen, wenn in CONAN auf das Schicksal von Atlantis verwiesen wird, um im Verweis auf eine geteilte Geschichte zugleich eine größtmögliche Trennung aufzurufen. Hierbei muss der Verweis auf das Mittelalter von der eigenwilligen Irritation befreit werden, mit diesem Hinweis irgendetwas erklärt zu haben. Lässt es sich beispielsweise besser von Drachen erzählen, wenn dazu eine Zeit gewählt wird, die vom Denken der Aufklärung noch weit entfernt war?

Interessanterweise wählten die ersten Filme nach STAR WARS noch explizit ein eher mittelalterliches Setting, sich hierbei, wie angedeutet, auf die Phasen des Übergangs konzentrierend. Markant wirkt, dass diese Filme gerade die pejorativ dem Mittelalter zugeordnete Naivität eben nicht ausspielen, sondern umdrehen. EXCALIBUR und DRAGONSLAYER erzählen demzufolge nicht vom Übergang des Mittelalters in die Neuzeit und den damit verbundenen Errungenschaften kreativen wie kritischen Denkens, sondern verorten sich, will man die Historie als Vergleich bemühen, am Übergang der Antike zum Mittelalter. Die ‚Finsternis' des Zeitalters wird zurückgebunden an einen Verlust von Zauberei, Magie und den mit ihnen verbundenen Wesen und Bedeutungsträgern, wie dem Magier oder eben dem Drachen. Inszeniert wird somit nicht nur ein Wechsel politischer Systeme, sondern

---

1 Vgl. dazu Richard Donners LADYHAWKE (1985).

auch der Verlust ehemaliger Glaubenssysteme, die innerhalb der Erzählung nicht etwa mittels eines Krieges oder der Kraft des stärkeren Arguments überwunden werden, sondern beiseitetreten und aus einer beinah inneren Erkenntnis die Notwendigkeit akzeptieren, dass ihre Zeit vorbei ist. Das Christentum in diesen Filmen – EXCALIBUR, DRAGONSLAYER und LADYHAWKE – wird somit als eine verändernde Macht inszeniert, die die Welt nicht rettet, sondern ins Chaos stürzt.[2] Dies zu betonen, ist in zweifacher Hinsicht zentral: zum einen, weil das Christentum hier wenig mit der heutigen Religion noch mit ihrer Geschichte gemein hat – und zum anderen erst recht nicht als Theologie oder das Aufgreifen selbiger verstanden werden kann. Vielmehr übernimmt es die Position einer Chiffre, die für das Ende des Alten steht, ohne als vollendete Form einer möglichen Eschatologie Auskunft darüber zu geben, was dieses Neue nun eigentlich bedeutet. So geht es in den Erzählungen eben nicht um die Konkurrenz des *einen* Gottes gegen die letzten Reste des Poly- und Pantheismus der entworfenen Welten, gerade weil diese Reste sich zurückziehen, statt die Auseinandersetzung zu suchen. Das Christentum der Filme wird somit reduziert auf eine Form des Glaubens, neben dem die anderen, in den Filmen innerweltlich belegten Wunder durch Drachen und Zauberei keinen Platz mehr haben; Versuche, narrativ beide zu vereinen, finden nicht statt. Und im Gegensatz zum Zauber Merlins in EXCALIBUR oder dem Drachen in DRAGONSLAYER kommt das Christentum in den Filmen nicht nur ohne bisherige Wunder aus, sondern kann auch keine neuen bewirken. Die Versuche des Kreuzes gegen den Drachen in Robbins Film wie auch der das Kreuz haltende Priester werden vom feurigen Atem des Monsters vernichtet.

Die Herleitung ist insofern wichtig, weil es in diesem Kapitel nur um *diese* Form des Christentums gehen soll. Und dennoch sollen in dieser Hinführung auch die folgenden Kapitel des Essays vorbereitet werden. Denn schon mit J. R. R. Tolkiens *The Lord of the Rings* gibt es innerhalb der Fantasy eine Verbindung zur Religion, die nicht auf ihren geschichtlichen Platz zielt, sondern auf ihren theologischen (und mit Tolkien: auf ihren erlösenden) Gehalt. Film und Theologie zusammenzudenken, birgt ein Problem, welches zumindest in seiner Dimension angedacht, aber nicht gelöst werden soll. Zum einen bezeugt bereits die Literatur zu Tolkien wie auch zu C. S. Lewis, dem Schöpfer *Narnias*, dass die Auseinandersetzung zwischen Theologie und populärer Kultur immer dort gesucht wird, wo der Glaube bereits in der Biografie des jeweils Sprechenden (respektive Schreibenden) zu erkennen ist. Wo Tolkien und Lewis sich explizit als gläubige Menschen äußern, scheint die Auseinandersetzung mit ihren Werken unter dem Erkenntnis-

---

[2] LADYHAWKE bildet erneut eine Ausnahme, da es hier schon der Missbrauch kirchlicher Macht ist, der das Land unterdrückt.

interesse theologischer Einflüsse legitim zu sein. Ähnliches gilt für die Arbeiten der Filmwissenschaft, oder genauer: einer filmwissenschaftlich interessierten Theologie, die analog zur Literatur besonders die Arbeiten von Carl Theodor Dreyer, Robert Bresson, Ingmar Bergman, Pier Paolo Pasolini oder Luis Buñuel in den Fokus rückt, selbst wenn es im Falle von Bergman, Pasolini und Buñuel eher um den Zweifel, das Hadern und die Kritik mit und am Glauben und der Kirche geht. Eine derartige Sicht auf das Zusammengehen von Theologie und Film reproduziert jedoch im besonderen Maß Ansichten und Zugriffe einer Autorentheorie des Films, die einzelne Aspekte durch die Biografie des Urhebers im Kunstwerk wiederfinden will oder aber im ärgsten Fall hineinprojiziert. Und mehr noch: Die Theologie wiederholt einen Kardinalsfehler der Geschichtswissenschaft, wenn sie das ästhetische Material des Buches, des Films oder auch der Serie daraufhin überprüft, ob es den eigenen (nunmehr sprichwörtlichen) Dogmen entsprechen kann, sich deckt mit dem Ritus, dem Wort und der Theorie. Diese Art der Auseinandersetzung kann zwar durchaus fruchtbar sein, bleibt aber immer hinter den Möglichkeiten des Dialogs zwischen Filmwissenschaft und Theologie zurück, wenn sie beispielsweise in einer Anhäufung theologischer Symbole verharrt, welche nicht auf ihre implizite Bedeutung analysiert werden; oder offensichtlicher: Es reicht nicht, das Opfer zu identifizieren, wenn es keine Theorie (oder in diesem Fall: Theologie) des Opfers gibt, welche die Erkenntnisse vertiefen soll. Im Sinne der systematischen Theologie bräuchte es nicht einmal den Glauben, sondern die argumentative Schlüssigkeit in Rückgriff auf die Theorie, die im Werkzeugkasten des Filmwissenschaftlers eine neue Lade öffnet, mit der dieser die Erkenntnisse der Analyse vertiefen und zurückbinden kann.

Daniel Illger plädiert in seinem Buch dafür, dass gerade Tolkiens Überlegungen zum Märchen (*fairy story*) Aufschluss über das Funktionieren des Genres geben, gleich in welcher medialen Form es erzählt wird.[3] Tolkien nutzt in seinem Denken, Argumentieren und letzten Endes auch Schreiben den Begriff der Eukatastrophe,[4] der Hinwendung zum Guten, die sich nicht in filmischen Standardszenen wie dem *Happy End* oder der Rettung in letzter Sekunde auflösen lassen. Im *guten Ende* steckt im Sinne Tolkiens vielmehr auch das Sich-Vergewissern um das, was man verloren hat, über die Hinwendung zum Guten in und nicht nach der Katastrophe, da es ein Danach nur noch zeitlich-chronologisch nicht aber inhaltlich-qualitativ geben kann. Dies meint nicht nur die Opfer des Kampfes, sondern auch das Unwiederbringliche, was in einer Welt im Wandel zurückgelassen wird. Tol-

---

3 Vgl. Daniel Illger: *Grüne Sonnen: Poetik und Politik der Fantasy am Medium Videospiel*, Berlin 2020, S. 48 ff.
4 Vgl. J. R. R. Tolkien: Über Märchen [1939 / 1947]. In: ders.: *Gute Drachen sind rar. Drei Aufsätze*, übers. Wolfgang Krege, Stuttgart ³2002, S. 51–140, hier S. 125 ff.

kien verbindet sein theologisches Denken mit den Ausführungen zum Märchen, wenn er dafür argumentiert, dass Fantasy im Kleinen das erlösende Moment der Weltgeschichte wiederholen muss, welches er in der Geburt Jesu Christi erkennt.[5] Die(se) Eukatastrophe verleugne, so Tolkien, eine „endgültige, allumfassende Niederlage"[6], da der Mensch immer schon und zu jeder Zeit in Christus gerettet ist. Illger zeigt nun zu Recht auf, dass sich der Gehalt der Eukatastrophe zugleich als „Methode zur Komposition und Strukturierung einer *Fairy-story* begreifen"[7] lassen muss, will man ihren Grundgehalt nicht nur im Koordinatensystem der Theologie verstehen. Die Erfahrung innerhalb absoluter Verzweiflung, unerwartet an „der Wahrheit einer letztlich unbesieglichen Hoffnung"[8] teilzuhaben, geht in der Fantasy, so der Autor weiter, als Erlebnis der Rezeption auf den Leser über, der sich, dem „affektdramaturgischen Kompositionsprinzip" folgend, „zwischen den Polaritäten" bewegt.[9] Vor dem Hintergrund der Argumentation Tolkiens (und Illgers) wäre es somit falsch, den Antagonisten der Fantasy ihre fehlenden Ambivalenz vorzuhalten, braucht es doch deren Übermacht und Boshaftigkeit, um am Moment des Trostes, den das Geschehen der Eukatastrophe bereithält, teilhaben zu können. Aufschlussreich ist vor dem Hintergrund des Konzeptes, dass Tolkien zwar, wie oben bereits beschrieben, dem Eskapismus das Wort redet, ihn aber durch die Ableitung des Trostes aus dem Glauben heraus und dem damit verbundenen Ereignis Jesu Christi an die Welt außerhalb der *fairy story* verortet, um so aufzeigen zu können, dass das Versprechen von Hoffnung und Zuspruch nicht mit dem Zuschlagen eines Buches endet.[10] Bleibt dieser Anspruch Tolkiens gültig, so ist offensichtlich, wie Hoffnung und Fantasy zusammengedacht werden können und zugleich eine Differenz eröffnen gegen die anderen Genres der Trias, dem Horror und der Science-Fiction. Interessant ist nun, und dies wäre im Folgenden die These, dass EXCALIBUR und DRAGONSLAYER dieser Idee nicht folgen. Dort wo explizit das Christentum in die Geschichte der beiden Filme Einzug hält, wird kein Trost erreicht, keine Eukatastrophe vollzogen, sondern halten lediglich Chaos und Hysterie Einzug.

---

5 Vgl. Tolkien: Über Märchen, S. 129.
6 Tolkien: Über Märchen, S. 126.
7 Illger: *Grüne Sonnen*, S. 54.
8 Illger: *Grüne Sonnen*, S. 52.
9 Illger: *Grüne Sonnen*, S. 54, S. 55.
10 Man erlaube hier jenen kurzen Absatz, der freilich aus dem Glauben heraus argumentiert.

Merlins Helm: EXCALIBUR

Der Umschwung der Eukatastrophe wird bereits im Kleinen sichtbar. Im zweiten Teil von Peter Jacksons Verfilmung von Tolkiens THE LORD OF THE RINGS (NZL / USA 2001–2003), THE TWO TOWERS (2002), findet sich eine kleine, irritierend anmutende Szene. Saruman, nunmehr der gefallene Zauberer, der die Natur Isengards einer neuen Armee für die Zwecke des dunklen Herrschers opfert, begutachtet seine Heerschar vom Balkon des Turms Orthanc. Bei ihm ist sein Gehilfe Gríma Schlangenzunge, der vorher von den Gefährten aus Rohan vertrieben wurde. Während Saruman das Ende der Menschheit ankündigt, zeigt die Kamera in der Nahaufnahme des Gesichts Grímas nicht nur seine weit aufgerissenen Augen, sondern auch eine Träne, die seine Wange hinabrinnt. Was sich leicht als ein Moment der Überwältigung im Anblick des Erhabenen, hier der Masse künstlich hergestellter Orc-Krieger, deuten lassen könnte, ist der Anbruch des Umschwungs in der Handlung, der zum (oder eher: zu einem) Moment der Eukatastrophe führen wird: die Wandlung Grímas vom Helfer des Bösen hin zum Verräter seines eigenen Meisters[11] und der damit verbundenen Befreiung Isengards und des Auenlandes.

Wie die Träne Grímas im THE LORD OF THE RINGS weißt in John Bormans Film der Helm des Zauberers Merlin auf eine mögliche Eukatastrophe hin; jedoch, und dies wäre die These in Bezug auf EXCALIBUR wie DRAGONSLAYER, scheitern beide Filme innerdiegetisch wie affektpoetisch beim Aufbau der Eukatastrophe und führen eben nicht zu jener von Tolkien propagierten *guten Wendung*. Dort, wo Tolkiens Erzählung offen ist und weitergeht, bleibt Bormans Film in einer Struktur gefangen, deren Andeutung einer Wiederholung wenig Hoffnung verspricht. Ähnlich wie innerhalb der Ausführungen zu STAR WARS das Ausblenden des weiteren Verlauf des Franchise Leitlinie der Analyse war, so soll auch das Wissen über und um die Artus-Sage außen vorgelassen werden, um den Film in seiner genuinen Gestaltung als eigenständig zu analysierenden Gegenstand gerecht zu werden. Der auffälligste inszenatorische Gegenstand des Films lässt sich bereits aus seinen Paratexten ableiten: dem Plakat zum Film, auf dem nicht nur das titelgebende Schwert, sondern auch die Rüstungen der Ritter als glänzend und reflektierend dargestellt werden.[12] Dieser Aspekt der Reflexion, des Spiegelns und Leuchtens durchzieht den Film leitmotivisch in wechselnden Intensitäten, ohne dass der Produktion ein durchgängiger und in sich logischer Gestaltungswille unterstellt wird. Es mutet daher oft wie ein Versehen an, wie ein Fehler im Design der Kostüme und der Kulissen. Denn

---

11 Eine Szene, die jedoch lediglich im Extended Cut des dritten Teils, THE RETURN OF THE KING, zu finden ist.
12 Auch die Buchstaben des Titels in den Credits des Films versuchen diesen Effekt zu imitieren, als wäre der Schriftzug *Excalibur* gar das Schwert selbst.

immer wieder spiegelt sich auf den glattpolierten Oberflächen der Rüstungen, an den Zinnen der Burg Arthurs' wie auch im Helm Merlins die Anderswelt, d. h. die einfachen und wenig zauberhaften Räume der Produktion. Zu sehen sind die Menschen, die etwa die Kamera oder Beleuchtung bedienen, möglicherweise auch der Regisseur John Borman selbst und die begrenzenden Wände des Sets, wo die Innenaufnahmen des Films gedreht wurden (vgl. Abb. 18).

Abb. 18: EXCALIBUR: Grenzgänger Merlin.

Was aber, wenn dieser Fund zu einem *Befund* werden würde und damit zur Frage, ob nicht genau dieses Versehen, die nachträglich nicht mehr zu verhindernden Blicke auf die Dreharbeiten und das damit verbundene Ende der Illusion Kino (und Film) nicht doch mehr über die Poetik des Films aussagt, als zunächst angenommen? Tolkien verweist darauf, dass die *fairy story* im besonderen Verhältnis zur Wirklichkeit stehen muss,[13] aus ihr stammt oder in sie einmündet. Eben diese Bezugnahme zeigt Bormans Film mehrmals explizit auf, besonders deutlich in einer Nahaufnahme Merlins, nachdem König Uther seinen Sohn zeugte. Während sich in seinem Helm erneut das Set spiegelt, spricht er davon, wie sehr die Zukunft in der Gegenwart wurzelt.[14] Ein nahezu romantischer Blick des Films auf den Zauberer, gehört Merlin doch zugleich in die Welt von Excalibur wie auch auf das ausgeleuchtete Set und ist daher Teil *einer* einzigen Welt, deren finale Zusammenführung noch aussteht. Die Position Merlins zwischen den Zeiten wird nicht nur durch seinen Helm gefestigt, der andeutet, er stehe immer schon in der Zukunft, sondern auch in seinem Gewand: Dieses besteht nicht nur aus mehreren

---

13 Vgl. Tolkien: *Über Märchen*, S. 128.
14 Vgl. EXCALIBUR, TC: 00:15:23 ff. „The Future has taken root in the present." In dieser Szene hat Merlin zum ersten Mal seine Kapuze abgezogen.

Lagen von Stoffen, die als übereinandergelegte Schichten den Verlauf der Vergangenheit bezeugen, sondern franst an den Rändern aus. So gestaltet erweckt es den Eindruck, dass der Umriss seiner sich bewegenden Kontur unscharf erscheint und flimmert, als wäre er beim genaueren Hinsehen nicht Teil der Welt bzw. des Filmbilds, sondern droht, angedeutet durch dieses Flimmern, aus dieser zu verschwinden – was später auch der Fall sein wird. Als Morgana le Fay noch versucht (oder geschickt vortäuscht), Merlins Tradition zu folgen, trägt sie zu Arthurs Hochzeit ein ähnliches Gewand, ehe sie sich für ein Leben als einfache Hexe entscheidet und damit verbunden auch für eine Geschlechtlichkeit; wird Merlin mehrmals im Film abgesprochen, ein Mann zu sein (oder die Empfindungen eines Mannes zu kennen), so legt Morgana das flimmernde Gewand eines Zauberers ab, um sich der Welt der Menschen anzupassen und später ihre Weiblichkeit als Waffe zu nutzen, durch die sie ein Kind mit ihrem Halbbruder Arthur zeugen kann.

EXCALIBUR steht zu Beginn des Zyklus der Fantasy um 1980 für einen Moment der Ausdifferenzierung und der damit eng zusammenhängenden Frage, in welche Richtung sich das Genre entwickeln wollte. Stärker verbunden mit älteren Formen der Fantasy, die eher unter dem Label des Ritter- und Abenteuerfilms summiert werden können, steht die Verfilmung der Artus-Sage vielmehr dem zeitnah in die Kinos gekommenen CLASH OF THE TITANS (UK / USA 1981, Desmond Davis) näher, der versuchte, die Popularität des Genres mit dem vergangenen (und nun zu aktualisierenden) Erfolg der Ray-Harryhausen-Filme der 1960er und 1970er Jahre zu verbinden.[15] Beiden ist der Rückgriff auf antike wie mittelalterliche Mythen gemein, die zwar für viele der Filme indirekt eine Grundlage bilden, in den 1980er Jahren aber kaum mehr explizit jenen Stoff zur Verfügung stellen, aus denen die zu erzählenden Geschichten generiert werden. Die Filme des Zyklus halten sich so eher an Buch- und Comicvorlagen des mittleren 20. Jahrhunderts oder gleich an originäre Drehbücher, die nicht selten von der Gestaltung der vorherigen Filme beeinflusst sind. EXCALIBUR erzählt ebenfalls seine Geschichte in einer Endzeit und eines Niedergangs, was rasch mit dem Attribut der Götterdämmerung in Verbindung gebracht werden kann, dem Übergang einer auch hier eher pantheistischen Vorstellung der (einst verzauberten) Welt, die vom aufkommenden Christentum verdrängt wird; oder, so inszenieren es EXCALIBUR wie auch DRAGONSLAYER, eben willfährig Platz macht. Wichtig ist daher, dass es im Folgenden weder um die Aussagen möglicher Vorlagen noch um einen Blick in die Geschichte des sich ausbreitenden und festigenden Christentums geht, sondern nur um die herauszuarbeitenden Inszenierungsstrategien des Films.

---

15 Harryhausen war auch an CLASH OF THE TITANS beteiligt.

EXCALIBUR erzählt den Weggang der alten Götter in drei Teilen: mit der Geschichte Uthers, der aus einer Begierde nach einer fremden Frau zwar den späteren König zeugt, dafür aber Schwert (Excalibur) und Leben verliert, dem Aufstieg (König) Arthurs sowie dessen Niedergang und (vermeintlichen) Tod. Obwohl, so zitiert Norbert Stresau eine zeitgenössische Kritik, „kein ‚Reagan-Film'"[16], stehen auch hier die Väter und Söhne im Zentrum der Erzählung. Als verbindender Teil dient das Schwert Excalibur sowie der Zauberer Merlin, dessen Auftritte und Handeln im Verlauf des Films immer weiter abnehmen, bis er sich eher *en passant* aus dem Film (und damit der sich entfaltenden Welt) verabschiedet. Boorman inszeniert die Vorgeschichte der Handlung und damit den Beginn des Films als eine archaische Welt, die beherrscht ist von Krieg, Feuer und Nebel. Der Wunsch nach Einheit, ein weiteres zentrales Motiv des Films, wird der fleischlichen Lust Königs Uthers nach der Frau eines einstigen Gegners geopfert. Die Spiegelungen, die in den späteren Teilen des Films so dominant erscheinen sollen, fehlen anfangs noch. Uthers Rüstung bleibt dumpf, Merlins Helm, der fest seinen Kopf umschließt, ist unter der Kapuze seines Gewandes versteckt und nur teilweise zu sehen. Der Lichteffekt, der die einleitenden Minuten des Films dominiert, ist das grüne Leuchten des Schwertes, das sich als Teil der Magie der Welt erweisen soll und gleichfalls als inszenatorischer Aspekt wiederholt wird.[17] Diese Magie innerhalb des Films zentriert sich zwar auf die Figur Merlins, wird aber auf den immer wieder angerufenen und beschworenen Drachen (*dragon*) zurückgeführt, als dessen Medium der Zauberer fungiert. Anders als in DRAGONSLAYER gibt es in EXCALIBUR jedoch kein fleischgewordenes Ungeheuer; der Drache bleibt eine Metapher[18] oder eher ein Synonym für eine alles durchdringende Macht, die in der Natur der Welt zu finden ist und über ungeheure Kraft verfügt, die von Merlin genutzt werden kann, wenngleich nicht ohne Preis; ihr unmittelbarer Anblick, so Merlin, würde den Menschen umbringen. Der Drache wird damit zu einer göttlichen Macht, die als Absolutes eben nur vermittelt (medial) in die Welt der Menschen eindringen kann. Beinhaltet dies durchaus ein christliches Moment, so wird der Drache als eine Macht unter anderen in der sich dem Ende zuneigenden Zeit der Götter kommuniziert. Diese Macht wird im Film durch (keltische) Worte beschworen, durch eine unveränderliche Formel, die als Zauberwort nur für sich selbst steht, reicht es doch Morgana le Fay, diese Worte von Merlin nur zu hören und nachzusprechen, um ihn seiner Macht zu berauben. Bezeichnend ist, dass (der eine, christliche)

---

16 Norbert Stresau: *Der Fantasy Film*, München 1984, S. 182.
17 Auch das grüne Leuchten des Schwertes erweist sich nicht als konsequent durchgehaltenes kompositorisches Element.
18 Der Nebel, der ab und an die Szenen füllt, könnte als Atem des Drachens interpretiert werden. Mehr Sichtbarwerdung erlaubt sich der Film indes nicht.

Gott in der Einleitung des Films nicht nur keine Erwähnung findet, sondern auch, dass der größte Zauber Merlins, die Verwandlung Uthers in seinen Gegner, um unerkannt in die feindliche Burg und damit auch in das Bett einer fremden Frau zu gelangen, genau in diesen ersten Minuten des Films stattfindet. Eben, weil er hier schlichtweg noch möglich ist.[19] Es ist ein Zauber, der so nicht als Täuschung (der Blicke der anderen) funktioniert, sondern als Verwandlung (von Uthers Körpers).

Dieser Kern der ersten Episode, das (sexuelle) Begehren, das der Fähigkeit zur Liebe und damit verbunden auch der Verwirklichung einer wahrhaftigen Einheit entgegensteht, zieht sich durch die anderen beiden Teile des Films. Das Kind Arthur, welches aus der illegitimen Verbindung von Uther und Igrayne hervorgegangen ist, wird wie als Teil der Vereinbarung mit Merlin ausgehandelt dem Zauberer übergeben. Und auch Uthers Bekenntnis zur Liebe beim Anblick des Säuglings findet eine spätere Entsprechung, als Arthur seinem illegitimen Sohn Mordred nichts anbieten kann als seine Liebe. So wirkt es beinah zynisch, dass beide Augenblicke der Liebe, die an den Sohn gerichtet sind, im Verlust des Schwertes und im Tod enden und damit der Wesenheit des christlichen Gottes, der selbst Liebe ist, wenig Vertrauen schenken – und die Liebe tatsächlich im Film zunächst nicht trägt. Ist das Sterben Uthers noch verbunden mit dem Versenken des Schwertes in den steinernen Boden des Waldes, so wird es nach dem Ableben Arthurs der *Lady of the Lake* zurückgegeben.

Mit Uthers Tod springt der Film in der Zeit, Arthur ist erwachsen, der Stein um das Schwert herum bemoost. Bezeichnend erscheint nun, dass die erste Szene dieses Teils, der Blick auf das Schwert im bewachsenen Boden, von einem wachenden und betenden Mönch begleitet wird. Nahm der Film vorher keinen (expliziten) Bezug auf die (neue) Religion, so besetzt sie nun prominent die ersten Sekunden des mittleren Teils der Erzählung (vgl. Abb. 19). Darüber hinaus segnet der Mönch später das Schwert, sodass Gott endlich einen neuen Herrscher (und damit König) senden möge.[20] Mit dem Ritus des Gebetes wird erneut ein Motiv des zweiten Teils vorgestellt, was sich weiterhin durch die einzelnen Szenen des Films zieht. Herrscht noch das Gegeneinander der Götter und dem einen Gott, so sind bereits die Riten des Gebetes, das lediglich als Bittgebet vorkommt, wie auch das spätere Ritual der Hochzeit seltsam entleert. Selbst das Herausziehen des Schwertes aus dem Stein wird nicht als Vollendung einer Prophezeiung oder das Erhören des Gebetes interpretiert, vor dem es ehrfürchtig das Knie zu beugen gilt, sondern durch den Vollzug der Tat durch den Knappen Arthur als soziale Frage diskutiert; vor

---

19 Im letzten Teil des Films bedeutet der Zauber auch das Ausscheiden aus der innerdiegetischen Welt des Films.
20 Der Film suggeriert durch den Monolog des Mönchs, dass es sich um den Ostersonntag handelt.

dem niederen Arthur können die Ritter nicht das Haupt senken – obwohl er das Schwert besitzt. Der Einfall des Noch-Knappen und zukünftigen Königs, der selbst Merlin zu erstaunen scheint, nämlich durch die anwesenden Ritter selbst zum Ritter geschlagen zu werden, führt das Ritual ad absurdum. Die Rituale werden so als Last empfunden, die die Menschen davon abhalten, ihren eigenen Plänen nachzugehen – eine erhebende, stärkende Wirkung entfaltet sich durch sie nicht.

Abb. 19: Schwert und Glaube.

Das Gegeneinander der Zeiten wird nunmehr in zwei Szenen des Films besonders deutlich: Im Zweikampf des Ritters Lancelot gegen den König selbst rufen beide zwar Gott an, auf dass er sie gewinnen lassen möge, auf ihren Wappen sind die epochalen Gegensätze jedoch noch abzulesen. Trägt Lancelot ein Abbild des Grals auf Schild und Rüstung (und somit an seinem Herzen),[21] ziert der Drache das Banner Arthurs, sein Brustpanzer ist leer (vgl. Abb. 20). Nicht nur hier, sondern auch in späteren Szenen des Films sind immer wieder Darstellungen des Drachens zu finden: Als Statuen und Wappentier ist jener nicht nur eine Huldigung dessen, was einst Macht gegeben hat, sondern bleibt gestaltender Aspekt, allein durch die Präsenz des Schwertes. Eben dieses ruft Arthur im Zweikampf gegen Lancelot an; es teilt die Waffe des Ritters, zerbricht dann aber selbst an der Rüstung (und

---

[21] Lancelots Rüstung ist als Rüstung deutlich heller und reflektierender im Bild. Sie dient als Vorbild für die Rüstungen der anderen Ritter und könnte unter diesem Aspekt durchaus als Christianisierung gelesen werden.

damit am Abbild des Grals). Das daraus entstandene Dilemma wird durch die Hilfe der *Lady of the Lake*, die das Schwert erneut zusammensetzt, beseitigt. Deutlicher als im Zweikampf wird das Transitorische bei Arthurs Hochzeit in Szene gesetzt. Geht das Paar unter einem gezeichneten Gesicht Jesu (vgl. Abb. 21) den rituellen Bund der Ehe ein, so entfernt sich Merlin langsam vom Geschehen; sein Weggang wird, wie oben bereits angedeutet, von Morgana behindert, in der er kurz eine mögliche Gefährtin, und mehr noch, Nachfolgerin zu erkennen glaubt, nur um sich schließlich damit abzufinden, dass diese (ihre) Zeit vorbei ist. Sein Gang endet bei einem mit Moos überwachsenden steinernen Totem (vgl. Abb. 22), welches den Endpunkt der Wegstrecke vom Brautpaar unter dem Bild des Heilands markiert. Das eine (das Bild) hängt hoch über den Menschen, das andere (das Totem) ist schon selbst Teil der Erde geworden und in seiner ehemaligen Funktion wie Sinnhaftigkeit nicht mehr zu fassen. Am Ende dieses Teils wird Merlin in Eis eingefroren, verraten von Morgana, aber auch von Arthur, der im Angesicht des Betrugs[22] seiner Frau mit dem Freund Lancelot Excalibur wieder der Erde übergibt – und damit zugleich Merlin (und den Drachen) trifft.

Abb. 20: Glaubenskrieger: Lancelot.

Mit dem Beginn des letzten Teils des Films scheint die Entscheidung gefallen zu sein. In einer nahezu hyperrealistischen Szene knien Arthur und seine Ritter in ihren Rüstungen vor einem von hinten hellblau erleuchteten (keltischen) Kreuz, vor dem die Mönche und Priester die Eucharistie feiern (Abb. 23).[23] Erneut ein Bittgebet und erneut das Zeichen, dass es nicht erhört wird, denn Arthur wird vom Blitz getroffen. Die Rüstungen der Ritter spiegeln nur noch sich selbst wider und verstärken damit den Eindruck, den vorher schon die Tafelrunde erweckt hat:

---

22 Die Szene wird durch das nackte Paar auf dem Boden des Waldes und den mit dem Schwert bewaffneten König über ihnen inszeniert wie der Fall Adam und Evas und die Vertreibung aus dem Paradies durch den Cherub.
23 Es handelt sich hierbei um einen Durchschlag in der Wand in Form eines Kreuzes, welches von hinten unnatürlich erleuchtet ist.

Abb. 21: Die Liebe im Angesicht des Herrn: Guenevere und Arthur.

Abb. 22: Botschafter vergangener Zeiten: Merlin und Morgana.

Glich diese durch die sich selbst reflektierenden Ritter einem Spiegelsaal, so wird ihre Runde nun durch ihre Nähe zueinander zu einem Spiegelkabinett. Das Außen, welches noch in Merlins Helm zu fassen war, ist verschwunden, zurück bleiben nur sie selbst: ein Zurückgeworfensein auf das eigene Handeln und die eigenen Kräfte, ohne den Zauberer und das Schwert.

Abb. 23: Das kalte Licht des Glaubens.

Hier nun beginnt der Film zu zerfasern; eine Zerfaserung die poetologisch durchaus Sinn macht. Innerdiegetisch wird diese zunächst erklärt durch den Zusammenhang von König, Schwert und Land. Geht es dem König schlecht, so ist auch das Land dazu verdammt, zu verdorren – ein Wissen, das im Film verloren gegangen scheint. Mehr noch aber steigert Arthur sich in die Idee hinein, dass nur der Heilige Gral ihn und das Land retten kann. Der Film erklärt diesen Wechsel nicht, vertraut an dieser Stelle vielleicht zu sehr der Kenntnis der Vorlage, als dass er die innere Motivation des letzten Teils zu erklären bräuchte. Der Gral wird somit zum schlechteren Ersatz des Schwertes, zum magischen Gegenstand, der Rettung versprechen könnte. Der Film folgt nun dem Ritter Perceval, der ähnlich wie Arthur in einem Moment der Verlegenheit zum Ritter geschlagen wurde; die anderen Figuren sind entweder tot oder scheinen verschwunden.[24] Die Szenen seiner Suche sind vom Verfall des Landes geprägt. Hat Perceval Arthur zusammengesunken auf seinem Thron, ohne Rüstung, nur in Leinen und Umhänge gehüllt, zurückgelassen, so ist nun auch das Land karg und leer, braune Töne dominieren die Landschaftsaufnahmen. Die Szenen der Suche nach dem Gral werden nicht nur kürzer in ihrer Dauer, sondern sie wechseln rasch zu Orten, die dem Zuschauer noch nicht bekannt waren, sollen so die Weite verdeutlichen, die Perceval zurücklegt. Spätestens bei seiner Begegnung mit Mordred und Morgana

---

24 Arthurs Frau Guenevere hatte sich in ein Kloster zurückgezogen, Lancelot zieht als bärtiger Wanderprediger über die Ländereien.

wechseln sich Albtraumsequenzen und Visionen vom Gral, der mit donnernder Stimme spricht, mit offensichtlich stattfindenden Ereignissen der Erzählhandlung ab. In und durch die Vision aber erhält Perceval nicht nur das Wissen zurück, dass König und Land in Symbiose zueinanderstehen, sondern gelangt auch, kaum nachvollziehbar, an den Gral selbst, den der Ritter aus seiner Vision heraus in die Wirklichkeit des Films holt.

Die Komposition der Rettung Arthurs durch einen Schluck aus dem Heiligen Gral führt den Film zum Anfang zurück; doch anders als es bei Uther der Fall war, schimmert die Rüstung des Königs wieder, wie auch das Land überall dort erblüht, wo sich der König hinbewegt. Und als Besonderheit reflektiert sie genauso wie Merlins Helm die Welt *da draußen*, als Arthur ein letztes Mal seine Frau aufsucht, um sie um Vergebung zu bitten. Arthur führt nun erneut das Schwert (den Drachen) gegen seinen Feind, der in einer ähnlich stilisierten Schlacht geschlagen wird, wie bereits der Kampf Uthers inszeniert war. Vor einer riesigen, orange leuchtenden, am Horizont stehenden Sonne besiegt Arthur die Armee seines Sohnes; erneut mit der (letzten) Hilfe Merlins. Als kurze Erscheinung, deren Dasein fragil bleibt, bestätigt er, dass Arthurs Liebe, deren Kraft hier endlich, wie zuvor geschehen, nicht wirkungslos verrinnt, ihn zurückgebracht hat, um nunmehr in den Träumen (oder Albträumen) der Menschen zu erscheinen. Merlin verschwindet mit einem, für seine Zaubermacht wie auch das Genre einfachen Stopptrick[25] aus der Szene mit Arthur und damit auch aus der Welt der Menschen. Sein sich anschließendes Handeln gegen Morgana bleibt für die anderen unsichtbar. Mit dem letzten Zauberspruch gegen Arthurs Halbschwester entschwinden sie, Merlin und auch die Magie aus Erzählung und dem Film. Als Eukatastrophe funktioniert das Durchbrechen des Zyklus nicht, der vielleicht gar nicht durchbrochen ist, sondern nur verzögert wurde. Das Land ist befriedet, der schlafende König auf dem Weg nach Avalon und das Schwert zurück bei der *Lady of the Lake*. Die Verbindung nach Außen respektive in die Zukunft, wie sie in den Reflexionen von Merlins Helm zu finden war, fehlt. Ein Ende, dem so kein wirklicher Anfang innewohnt, trotz der Ablösung eines Glaubens durch einen neuen.

---

25 Diese Form des Tricks holt so nicht nur das Filmset samt Kamera in den Film, sondern auch den Schnittraum.

Koexistenz: DRAGONSLAYER

Vielleicht ließe sich der finanzielle Misserfolg des von Disney koproduzierten Films DRAGONSLAYER (1981) an seiner Grundstimmung, seinem dominierenden Zuschauergefühl festmachen. Eine Art der Hoffnungslosigkeit durchzieht den Film, die mehr zu sein scheint als bloß der Affekt einer weiteren Erzählung des Übergangs der einen Zeit in eine andere. Das Ende der Magie und der Anfang von etwas Neuem wird auch in diesem Film durch das Christentum markiert. Und ebenso geht es um die inhärenten Möglichkeiten dessen, was an die Stelle des Alten treten könnte. Dort, wo das Neue in EXCALIBUR die Geschichte zerfasert und ausfranst und ihre Protagonisten einem immer weiter fortschreitenden körperlichen wie psychischen Verfall übergeben wurden, steht am Ende des Films nur der Gang ins Exil, so man denn, wie im Falle des Zauberlehrlings Galen, an dem festzuhalten gewillt ist, was man einst gelernt hat. Dem Ritus der Magie, ihrer Wissenschaft, so wie sie sich im Film präsentiert, wird ein aufkommender Fanatismus gegenübergestellt, der lediglich leere Floskeln und Rituale kennt und der im Angesicht einer Bedrohung nicht das Vertrauen auf etwas Höheres garantiert, sondern eher in den Modus der (Massen-)Hysterie wechselt.

Die Hoffnungslosigkeit des Films, oder auch die Entfaltung einer eher dysfunktionalen Eukatastrophe, verbindet in DRAGONSLAYER zwei Ebenen miteinander. Oft inszeniert der Film Szenen, in denen die Protagonisten an das glauben wollen, was fraglich bleibt, und so eine Hoffnung auf das setzen, was das Ziel hätte, sie aus ihrer Not zu erlösen. Doch funktionieren genau jene Versuche der Rettung nicht, die der Zuschauer aus einem vulgären Verständnis des Genres immer schon zu kennen scheint. Die kurzweilige Resignation der Figuren wandelt sich so zur Enttäuschung der Zuschauer, die bei der Rezeption des Films erkennen, dass die genretypischen Topoi einer Rettung (hier vor der Bedrohung durch den Drachen) nicht funktionieren. In seinem Ausstellen eben jener vermeintlichen Standardszenen des Genres, die zu Beginn der 1980er Jahre weniger aus dem Genre denn aus der literarischen Gattung stammen, hat DRAGONSLAYER mehr gemein mit Rob Reiners THE PRINCESS BRIDE (USA 1987),[26] der durch eine kommentierende Rahmenhandlung die Sujets des Genres als Klischees auszustellen versucht und 1987 ein Anzeichen dafür darstellt, dass der 1977 begonnene Zyklus des Genres an ein vorläufiges Ende kommt. Deutlich wird dieser Mechanismus bereits in den ersten Minuten des Films. Eine Gruppe Reisender aus Urland sucht den Zauberer Ulrich auf, um mit ihm gemeinsam gegen den Drachen zu kämpfen, der seit Jahren das Land und die Menschen bedroht. Um diese Gefahr zu bannen, hat der König eine Lotte-

---

26 THE PRINCESS BRIDE [DIE BRAUT DES PRINZEN] (USA 1987, Rob Reiner).

rie begonnen, bei der jeweils im Frühling und Herbst der Name einer Jungfrau aus einem Lostopf gezogen wird, um diese sodann dem Drachen darzubieten. Ehe die Delegation an das Tor seiner Behausung schlagen kann, wird Ulrich dem Zuschauer bereits dabei gezeigt, wie er einen Zauber ausspricht, dessen Worte, und dies verankert den Film im a-filmischen Mittelalter, in Latein gesprochen werden. Trotz des Zauberspruchs, der sich dem Zuschauer nicht erschließt, lässt der Film die Antwort auf die Frage, ob in dieser Welt Magie wirklich möglich ist, zunächst außen vor. Stattdessen wird inszeniert, wie sich Ulrich mithilfe seines Dieners Hodge und des Zauberlehrlings Galen auf die Konsultation vorbereitet. Für diese muss er sich erst ankleiden (mit Hut, aber ohne Stock, da dies, so Ulrich, gebrechlich wirken könnte) und den richtigen Auftritt wählen. Galen kündigt seinen Meister mit Trommelwirbel und Blechschlägen an, als dieser in einer Rauchwolke durch die Tür tritt. Erst jetzt, als die Reisenden ihre Bitte vortragen, vollzieht sich ein Moment der Magie, als Ulrich die mitgebrachte Schuppe des Drachens von alleine von der einen Seite des Tisches auf ihn zugleiten lässt. Nur widerwillig stimmt Ulrich zu, da andere mögliche alternative Helden oder Zauberer, die sich seiner Meinung nach als Drachentöter wesentlich besser eignen würden, bereits verstorben sind. Als er vom Alter des Drachens spricht, bleibt unklar, ob er sein eigenes und das damit verbundene Leiden meint oder das des Untiers. Kurz vor seiner Abreise jedoch tritt mit den Wachen des Königs von Urland eine zweite Gruppe auf, die, den Drachen auf ihren Rüstungen, das Unterfangen des Hilfesuchens unterbinden will. Ihr Anführer Tyrian möchte einen Beweis für die Zauberkraft des Magiers, dem Ulrich trotz kurzen Zögerns nachkommt. Tyrian solle ein Messer in die Brust des alten Mannes stoßen – und hier nun wird die Erwartung der Figuren und des Zuschauers gleichermaßen gebrochen: Ulrich stirbt.

Befürworter der Thesen Campbells würden nun im Tod Ulrichs das Ableben des Lehrmeisters erkennen, der für den Helden und seine eigene Reise und Entwicklung sterben muss, doch hat Ulrich zu diesem Zeitpunkt des Films schlicht nichts getan; er entzieht sich dem Pathos der Fantasy und fällt stumm zur Seite und damit (zunächst) aus der Handlung des Films heraus. In dem Moment, als der Dolch in seine Brust dringt, ist es zuerst ein Ausdruck des Bedauerns in den Augen Tyrians darüber, dass er den alten Mann augenscheinlich getötet hat. Nicht um des Mordes willen, sondern um die daraus folgende (sich später als irrig erweisende) Konsequenz, dass es Magie eben nicht zu geben scheint. Der Film wiederholt solche Szenen mindestens drei weitere Male. Ist das erste Auftreten des Lehrlings Galen gegen den Drachen, der ihn lediglich für kurze Zeit in seiner eingestürzten Höhle einsperrt, dem Aufzeigen der jugendlichen Hybris geschuldet, so läuft die in umfangreicher filmischer Inszenierung hergestellte (magische) Lanze[27] ebenso ins Leere wie das Auftreten des Christentums.

Am deutlichsten aber wird diese Wendung in Handlung und Rezeption beim Auftritt der Prinzessin Elspeth, die schon qua Status eine Sonderrolle in jedweder Erzählung einzunehmen hätte. Als sie herausgefunden hat, dass ihr Name Jahr um Jahr, Lotterie um Lotterie keinen Einzug in den Topf erfahren hat, manipuliert sie die nächste Verlosung derart, dass nur ihr Name gezogen werden kann. In Bezug auf die Opferung der Jungfrau für den Drachen schickt der Film sich nun an, gewohnte Muster zu bedienen: Der vorher noch arrogante, weder an Magie noch an eine Alternative in der Abwehr des Drachens glaubende König wendet sich nun an Galen, um seine einzige Tochter retten zu können. Doch der Film versagt ihr diese Rettung: Dort, wo sich in späteren Filmen des Zyklus die Figuren den Herausforderungen des Schicksals stellen, um an ihnen zu wachsen (oder eben: erwachsen zu werden), misslingt dieser Versuch; mehr noch, er gleitet fast ins Zynische. Nicht nur scheitert Galen dabei, seine Rolle als Held und Retter zu finden, was auch im weiteren Verlauf des Films nie wirklich gelingen wird, da die Prinzessin den Tod findet. Darüber hinaus wird sie, nun nur noch schöne Leiche, von den Welpen des Drachens angenagt und verspeist, verbleibt als nicht mehr rückholbarer Rest in der Höhle. Dem Film an dieser Stelle Misogynie vorzuwerfen, läuft in eine Redundanz, weil der Film schon von Beginn an darum bemüht ist, eine misogyne Welt zu entfalten, um das Unbehagen des Zuschauers zu verstärken.[28] Valerian, der Anführer der Gruppe, der die Hilfe des Zauberers Ulrich erflehen will, entpuppt sich als junge Frau, die seit ihrer Geburt als Junge leben musste, um dem Schicksal der Lotterie zu entgehen. Als nach den durch Galen verursachten Einsturz an der Drachenhöhle das Dorf feiert, den Schrecken überwunden zu haben, vollzieht Valerian ein *Out-of-the-Closet* und *Coming-out*: Nicht nur kann sie zum ersten Mal ein Kleid anziehen, sie kann es sogar inmitten der anderen Bewohner des Dorfes tragen – und so erstmalig Frau sein (vgl. Abb. 24). Der kurze Augenblick der Irritation wandelt sich in einen Moment der Gemeinschaftsbildung, als sich die anderen Bewohner des Ortes dem Tanz anschließen, den Galen und Valerian begonnen haben, um die Stille ihres Auftritts zu brechen.

An diesem Punkt bricht zum ersten Mal das Christentum in die Handlung des Films ein. Anders als in EXCALIBUR, wo die Anzeichen der (neuen) Religion bereits im Hintergrund zu finden sind, blieb der Glaube eine Leerstelle, die höchstens (erneut: dysfunktional) vom Drachen und der Magie gefüllt wurden. Bei der Feier im

---

27 Auch in LEGEND findet sich eine Waffe in Form eines in einer Höhle entdeckten Schwertes, deren (magischer) narrativer Gehalt im Film nicht ausgespielt wird.
28 Besonders die Szene der Lotterie und die auf den Gesichtern der jungen Frauen gespiegelte Angst verstärken diesen Eindruck.

Abb. 24: DRAGONSLAYER: Frau werden und es sein dürfen.

Dorf bemerkt einer der Männer, es mute doch seltsam an, dass nun direkt nach dem Tod des Drachens ein Heiliger Mann unter ihnen sei. Tatsächlich schneidet der Film nun auf einen Mann in weißer Kutte, der einen Holzstab trägt, dessen oberes Ende ein Kreuz in einem Kreis ziert. Das Gespräch mit ihm verweist auf den Kampf der Glaubenssysteme (Magie *versus* Christentum), als der heilige Mann gefragt wird, ob der Gott der Christenheit wohl auch solch einen Berg zum Einsturz hätte bringen können. Dass die Antwort ja lautet, steht wohl außer Frage. Und so wie der Mann jäh im Dorf auftaucht, wird nun der christliche Glaube gegen den immer noch lebenden und sich rächenden Drachen ins Feld geführt. Der Priester geleitet eine Gruppe der Dorfbewohner zur Höhle des Drachens, um diesen durch den Glauben zu besiegen, da dies, so der Mann weiter, kein Drache sei, sondern Lucifer persönlich. Wie in EXCALIBUR bleibt das Christentum auch hier ohne jegliches Wunder. Allerdings passt der Film die Inszenierung des Drachens für einen kurzen Moment der christlichen Mythologie an. In Bezug auf das Untier folgt der Film einem Schema des Horrorfilms und der langsamen Sichtbarwerdung eines vorher nur teilweise gezeigten Ungeheuers. In der Begegnung des Heiligen Mannes und der Dorfbewohner mit dem Drachen wird der Blick auf ihn noch nicht vollends offenbart, zuerst strömt Rauch (Schwefel) aus den Ritzen des Bodens, um dann langsam den Kopf des Drachens aus einer Tiefe hervortreten zu lassen. In den Schwaden des Nebels gleichen die gerade noch sichtbaren Umrisse der Kreatur, die in Gänze vom Kopf des Priesters verdeckt werden, dem Bild des Gehörten, dem Teufel, dessen Auftauchen die vermeintlichen Gläubigen in die Flucht schlägt (vgl. Abb. 25).

Scheiterte das Gebet und die Hinwendung an den christlichen Gott bereits in der Mitte des Films, so wird die Religion gegen Ende, kurz vor dem finalen Aufeinandertreffen von Magie und Drache, im Kontext einer Sonnenfinsternis noch ein-

Abb. 25: Neue und alte Macht: Christentum und Drache.

mal in Szene gesetzt. Statt selbst gegen den Drachen anzugehen, beginnt die Dorfgemeinschaft damit, zu taufen und Heil im Gesang und Gebet zu suchen. Der Film inszeniert den Ritus im Dorf in einer Parallelmontage mit Ulrichs Kampf mit dem Untier. Dieser wurde durch das Verstreuen seiner Asche im unterirdischen See der Drachenhöhle von Galen ins Leben zurückgeholt; eine (nichtchristliche) Auferstehung, die theologisch gesprochen den irdischen Leib gegen einen verherrlichten tauscht – wie es unter anderem bereits in CONAN der Fall war –, hier allerdings, dem Duktus des Genres folgend, gewissermaßen die Verwandlung Gandalfs in *The Lord of the Rings* vom Grauen Zauberer zum Weißen Zauber inszenierend.[29] Bereits vor dem Aufbruch Galens und Valerians aus dem Dorf, bei dem der Schmied, der Ziehvater Valerians, ihr ein kleines Kreuz an einer Kette schenkt,[30] bemerkt er, wie froh er ist, wenn die Magie aus der Welt verschwinden würde, bedeute dies doch auch das Ende für den Drachen.[31] Anders als in EXCALIBUR aber, wo sich Morganas Nachfolge für Merlin als Täuschung erweist, hätte in DRAGONSLAYER die Magie, in Form des Zauberers und des Drachen, innerhalb der filmischen Welt weiterbestehen können. Der Drache verfügte über Nachkommen, die sich am Kadaver der Prinzessin gütlich tun, der Zauberer über einen Lehrling,

---

[29] Die Vorbereitungen Ulrichs auf einem Berg, von wo er die Zeit und das Wetter manipuliert, erinnern in der Silhouette an filmische Inszenierungen Moses'.
[30] Auf Valerians Frage, ob sie das Kreuz tragen solle, fragt der Schmied danach, welchen Schaden es denn anrichten könne. Als der wiedergeborene Ulrich auf Galen und Valerian trifft, nimmt er ihren Kreuzanhänger kurz in die Hand, lässt sein Vorhandensein aber unkommentiert.
[31] Dieser Topos ist in ähnlicher Form in George R. R. Martins *A Song of Ice and Fire* (1996–) wie in der HBO-Serienadaption GAME OF THRONES (2011–2019) zu finden.

an dem das Gelernte weitergegeben hätte werden können. In einer gemeinsamen Explosion kommen aber letztlich Drache und Zauberer ums Leben, der Wunsch des Schmieds geht in Erfüllung.

Eine der letzten Szenen des Films zeigt nun scheinbar ganz offen, dass die vorherigen Szenen, in denen die Figuren glauben wollten und gemeinsam mit dem Zuschauer enttäuscht wurden,[32] keine Wendung mehr erfahren und der Modus der Enttäuschung bestehen bleibt. Als der Kadaver des Drachens ins Bild kommt, wenig erhaben, sondern in einer brutalen Fleischlichkeit, ist die Entzauberung der Welt und des Zuschauers vollendet. Der König bohrt sein Schwert in den toten Drachen, um von seinen Untergebenen besungen zu werden. Am Rande der Anhöhe steht die neue Christengemeinschaft, die wie nachfließendes Wasser nun dort hingelangt, wo der Platz für sie freigemacht wurde. Singend vereint, gibt der (neue) Priester das Programm für die Zukunft vor, in der die paganen Mysterien und volkstümlicher Aberglaube besiegt sei: „Arise, children of the Lord!" beschwört nicht nur eine bittere Drohung, sondern zeigt auch an, dass der Film das Christentum leer lässt, es nicht einmal ästhetisch wirksam wird (vgl. Abb. 26). Es bleibt zwar das Neue, doch birgt es keine Chance auf eine andere oder gar bessere Welt: Der Drache wurde mit den alten Mitteln (der Magie) besiegt, nicht durch Gebet und Glaube, die Kraft des christlichen Gottes wirkt nicht in der innerdiegetischen Welt. Sie bleibt eine Verheißung für andere Zeiten. Galen und Valerian haben sich von diesen Geschehnissen abgewandt und gehen

Abb. 26: Erhebt Euch, Kinder des Herrn!

---

32 Wohlgemerkt: Die Enttäuschung betrifft die Genreerwartung des Zuschauers, nicht sein Bedürfnis, zu glauben.

fort. Als am Ende Galen wünschte, die beiden hätten ein Pferd, taucht plötzlich am Horizont ein ebensolches auf. Durch die weiße ‚Farbe' könnte es ein letzter Gruß des *Weißen* Zauberers Ulrich sein, oder aber der Hinweis, dass trotz allem die Magie in der Welt verbleiben wird.[33] Ein kleiner Ausblick auf eine Welt, die die Möglichkeit der Koexistenz der Sphären zumindest einmal vorsichtig anzudenken versucht. Von weitem könnte man das weiße Tier auch für ein Einhorn halten.

---

[33] Man kann Ulrichs Wiederauferstehung durchaus als Moment der Eukatastrophe deuten, fraglich würde aber bleiben, wohin sie führt und wie gut das Gute in ihm wirklich ist.

5 Melancholie

Mommy Fortunas Mitternachtskarneval: THE LAST UNICORN

Fantasy und Melancholie nunmehr explizit zusammenzudenken, liegt bereits durch die Bezugnahme auf die Narrative jener Filme auf der Hand, die von einer Zeit des Übergangs erzählen, welcher immer auch als beständiger Verlust gegenwärtig bleibt. Dem überkomplexen Begriff der Melancholie, der sich psychoanalytisch wie auch kulturtheoretisch und -geschichtlich fassen lassen könnte, kann hier lediglich mit einem Aufzeigen eines Sinnzusammenhangs begegnet werden, der anderenorts zu vertiefen wäre.[1] Wenn daher nun die These formuliert wird, dass das Fantasygenre in den 1980er Jahren verstärkt auf eine Affektpoetik der Melancholie zurückgreift, so geht es hierbei nicht um das Beschreiben einer bloßen Repräsentation als traurig anzusehender Inszenierungen, sondern um die Ebene eines spezifischen Zuschauergefühls, welches durch die Analyse des jeweiligen Films zu erfassen ist. Dort, wo die Melancholie in den Filmen mit einem Gefühl der Ohnmacht und Resignation einhergeht, tritt sie in eine Allianz mit den Poetiken der Trauer, wo sie aber als Gewahr-Werden eines Verlustes, dessen Anerkennung und dem sich anschließenden Blick in die Zukunft zusammenfällt, mit jenen der Hoffnung. Filmhistorisch wäre es, wie bereits angedeutet, durchaus interessant zu bedenken, wie zum Beispiel die von Hauke Lehmann in seiner Fallstudie zum New Hollywood entfalteten Aspekte der Melancholie sich im Kino der hier betrachteten Dekade fortsetzen, um eine andere, weitere Facette von Filmgeschichte respektive Filmgeschichtsschreibung in den Mittelpunkt zu rücken. Lehmanns Befund bleibt somit bestehen, dass eben „[...] mit 1980 nicht einfach eine Revision oder Verleugnung des New Hollywood [und seiner Affektpoetiken, th] eingesetz[t]"[2] hat.

In ihrer Entfaltung greift die Melancholie innerhalb des Zyklus der Filme auf einen als romantisch anzusehenden Topos zurück, auf den Gedanken der Einheit und Vervollständigung einer Welt, die nicht nur auf das Sicht- und Messbare reduzierbar ist, sondern sich immer schon selbst transzendiert. Im Animationsfilm THE LAST UNICORN droht diese Einheit auseinanderzubrechen, die Magie hat sich aus der Welt zurückgezogen und ist von den Menschen in

---

[1] Vgl. dazu das Kapitel *Trauer, Melancholie und Depression*. In: Hermann Kappelhoff / Jan-Hendrik Bakels / Hauke Lehmann / Christina Schmitt (Hrsg.): *Emotionen. Ein interdisziplinäres Handbuch*, Berlin 2019, S. 119 ff.

[2] Hauke Lehmann: *Affektpoetiken des New Hollywood. Suspense, Paranoia und Melancholie*, Berlin 2017, S. 254.

ihr nicht mehr zu erkennen.[3] Der Grund für die Rationalisierung der Welt ist u. a. das Verschwinden der Einhörner, die alle bis auf eines unauffindbar sind. Dieses letzte Einhorn lebt in einem Wald, der, anders als der Rest der Welt, keine Jahreszeiten kennt und damit auch nicht dem Wechsel von Geburt, Leben und Tod, von Aufstieg und Verfall unterliegt. Das Einhorn selbst hat nichts vom Wandel der Welt bemerkt; erst durch den Dialog zweier Jägersmänner, von denen zumindest einer noch die Erzählungen der alten Welt und damit auch die Bedeutung des Waldes kennt, erfährt das Einhorn, dass alle seine Artgenossen verschwunden sind und es selbst somit das letzte seiner Spezies ist. Die in den Wald hineingerufene Warnung des Jägers beinhaltet, dass es besser in diesem seinem Wald bleiben solle, da die Welt dort draußen nichts für es sei – vielleicht sei zu ergänzen: nicht mehr.

Bereits der Roman (1968) von Peter S. Beagle weiß um die Rahmenbedingungen der Gattung respektive des Genres.[4] Die Welt, die sich im Film entfaltet, ist brüchig, durchlässig für eine Metaebene, auf die die Figuren immer wieder Bezug nehmen, um den ihnen angedachten Rollen in der Erzählung gerecht zu werden. Das Einhorn selbst, welches bis zu seiner erzwungenen Transformation in eine Frau namenlos bleibt, wird nur über die Bezeichnung der Gattung adressiert, wie es auch lediglich durch den Umstand, übrig geblieben zu sein, charakterisiert wird. Auf seiner Reise erscheint das Fabelwesen zunächst recht teilnahmslos; teilnahmslos am Schicksal der Menschen, die es umgeben, und mehr nervös als besorgt über den Verbleib seiner Artgenossen, deren Verschwinden ohne die Geschichte des Jägers nicht einmal bemerkt worden wäre.

Um sich zu versichern, dass der Jäger mit seiner Erzählung Recht hatte, konfrontiert das Einhorn einen Schmetterling, der wie kaum eine andere Figur im Film die bereits erwähnte Brüchigkeit der Welt verkörpert. Was sich zwischen ihm und dem Einhorn entspinnt, ist weniger ein Gespräch als vielmehr eine Kaskade einzelner Versatzstücke, die zunächst nur durch die Interpretation des Einhorns einen Sinn ergeben, mehr Mono- statt Dialog vonseiten des Schmetterlings. Die Aneinanderreihung von wahllosen Zitaten, Liederzeilen und Anspielungen weisen den Schmetterling nicht nur als einen Reisenden aus, trägt er doch Schal und Fliegerbrille, sondern zugleich als einen Zeitreisenden, der zwischen den Welten der Zuschauer und des Einhorns, zwischen Vergangenheit und Gegenwart hin und her pendelt und keinen Unterschied kennt zwischen den Geräuschen (respek-

---

3 Für das Zusammendenken des Films und der in ihm inszenierten Melancholie mit den Theorien der Romantik vgl. Janine Leona Schleicher: Polaritäten von Melancholie und Mythos in THE LAST UNICORN. In: Matthias Grotkopp / Tobias Haupts / Michael Wedel (Hrsg.): *Aufhebungen. Filmische Poetiken des Romantisch-Fantastischen*, Heidelberg 2022 (im Erscheinen).
4 Peter S. Beagle schrieb auch das Drehbuch des Films.

tive der Imitation) eines Flugzeuges und einem Lied von Bill Haley. Erst als das Einhorn sich abwenden will, da der Schmetterling es wohl nicht (er-)kenne, wird das Insekt für einen Moment ernst, wechselt in die Pose und Diktion des Lehrers, der definieren kann, was ein Einhorn ist, tatsächlich so aber kaum belegt hat, das (oder eben dieses) Einhorn wirklich zu kennen. Doch weiß er um das Schicksal der Einhörner, die von einem Roten Stier zum Ende der Welt gejagt wurden. Das Einhorn macht sich so auf die Suche, lässt den Wald hinter sich, verabschiedet sich von den Tieren und tritt damit in die Zeit des Menschen ein, selbst wenn der Verfall alles Irdischen das Einhorn nun noch nicht trifft: Belegt durch den Wechsel der Jahreszeiten bei seiner Reise wie auch durch den Kommentar der britisch-amerikanischen Band *America*[5] in ihrem Lied *Walking Man's Road*, bewegt es sich als unsterbliches Wesen durch eine sterbliche Welt.

Das erste Zusammentreffen zwischen einem Bauern und dem Einhorn macht deutlich, wie wenig die eine Welt noch Teile der anderen erkennen kann: Das Einhorn wird lediglich als weiße, wenngleich auch edle Stute wahrgenommen, nicht als ein Wesen, dem Zauber und Verzauberung zu eigen sind. Der Besitzanspruch, den der Bauer äußert, der das Pferd mit seinem Gürtel einzufangen trachtet, zielt vielleicht auf das Schöne im Tier, was es nun zu bändigen und festzuhalten gilt, nicht aber auf das, was über diese Schönheit hinaus auf etwas Anderes und Größeres verweist und was sich durchaus als nach oben weisende Geste im Horn[6] des Einhorns manifestiert.

Gelingt dem Einhorn hier noch die Flucht, so wird es wenig später tatsächlich gefangen genommen, vom fahrenden Volk des Mitternachtskarnevals, der die zentrale Szene des Films markiert. Mommy Fortuna, die Anführerin der fahrenden Gemeinschaft, ebenso wie der sie begleitende Zauberer Schmendrick, der sich im Angesicht Fortunas ahnungslos zeigt, erkennen das Horn auf der Stirn des Wesens und somit auch seine Bedeutung. Mommy Fortuna inszeniert der Film als Hexe, auf deren Kopf ein Hut sitzt, der mehr wie ein Baum und wucherndes Geäst denn als Bekleidung erscheint; durch ihr altes Aussehen, ihre krallenartigen Hände und Fingernägel, ihr faltiges Gesicht weckt sie Assoziationen mit einer spezifischen Idee von Hexenkunst (weiblich und naturverbunden), ihr Name, Mommy Fortuna, hingegen verweist auf Jahrmarkt und Scharlatanerie, Wahrsagerei und Kartenlegen.

---

[5] Den Einsatz populärer Musik teilt sich THE LAST UNICORN mit LABYRINTH (David Bowie) und LADYHAWKE (Andrew Powell) wie auch der Space Opera. In FLASH GORDON war es Queen, in DUNE Toto, die für den Soundtrack (mit-)verantwortlich waren.

[6] Das nach oben, zum Himmel weisende Horn erwähnt der Herr der Finsternis in Ridley Scotts LEGEND explizit, um die Einhörner zu charakterisieren.

Entsprechend fallen diese Ebenen nunmehr zusammen: Als das Einhorn gefangen wird und die Buden für die Zuschauer im Kreis angeordnet und geöffnet werden, spielt die Szene den bereits zu Beginn des Films entfalteten Konflikt zwischen Sehen und Nichtsehen, zwischen Erkennen und Nichterkennen vollends aus. Neben dem Einhorn hält Fortuna auch eine Harpyie mit Namen Celaeno,[7] ein Fabelwesen der griechischen Mythologie, in ihren Käfigen gefangen, die sonst nichts präsentieren als reine Illusionen. Fortunas gewebter Zauber sorgt dafür, dass die mickrige Schlange, der zahnlose Löwe und der kleine Affe in den anderen Käfigen von den Zuschauern als Fabelwesen gesehen werden, die eben nur in den Käfigen existieren, vor die die Menge durch Fortunas Diener Rukh geführt wird, und die mit dem Satz „Creatures of night, brought to light!" präsentiert werden. Der Aspekt der Magie im Film wie auch in der Geschichte des Mediums Kino (wie Film) gehen in dieser Szene eine konsequente Verbindung ein. Der Jahrmarkt als Ort des Films, gleichfalls ein Budenzauber, der die Nacht (Dunkelheit) braucht, um ans Licht (die Projektion) gebracht zu werden, verschränkt diese beiden Bedeutungen der Verzauberung ineinander. Denn auch die Illusionen Fortunas funktionieren nur innerhalb und vor dem Käfig, sind an einen Ort gebunden, den sie nicht verlassen können, ohne aufzuhören zu existieren. Ob die Zuschauer die Illusionen als belustigendes Spektakel abtun oder gar glauben, was Rukh ihnen im Namen Fortunas präsentiert, bleibt in der Inszenierung des Films offen. Doch etwas in ihnen scheint zumindest vor dem Käfig des Einhorns eine Ahnung von der Wahrhaftigkeit des Tiers zuzulassen. Das Publikum zeigt sich zwar vor jedem der Käfige und den in ihnen befindlichen Illusionen in Staunen versetzt, doch der Anblick des Einhorns markiert eine Differenz. In der Menge befindet sich eine junge Frau, die in ein hellblaues Kopftuch gehüllt nicht nur an gängige Darstellungen der Heiligen Jungfrau und Gottesmutter erinnert, sondern eine Träne als Zeichen des gegenwärtig Erhabenen weint, welche der Blick auf das gefangene Wesen in ihr auslöst (vgl. Abb. 27). Deutlich zeigt der Film, wie sich das Einhorn in ihren Augen widerspiegelt. Auf Ebene der Geschichte des Mediums Film ist ihr Zuschauen im Kreis der Wagen das Dispositiv des Kinos (die Schau-Anordnung), in der Fortuna und Rukh für das richtige Sehen Sorge tragen. Auf der Ebene des Films markiert die Sicht auf das Wunderbare ihren Verlust, kehren die Besucher des Mitternachtskarnevals mit dem Verlassen des Geländes doch in eine (ihre) Welt zurück, die augenscheinlich eben jedwede Magie verloren hat. Innerhalb des Kreises hatte sich gar jene Magie vervollständigt, im Guten des Einhorns und dem Bösen der Harpyie, den zwei Seiten ein und derselben Magie.

---

[7] Anders als das Einhorn verfügt die Harpyie über einen eigenen Namen.

Abb. 27: The Last Unicorn: Vom Nutzen der Fantasy als Schaubudenzauber.

Das Einhorn kann schließlich mit Hilfe des Zauberers Schmendrick fliehen, nicht jedoch, ohne vorher die Harpyie zu befreien, die ihre Peinigerin Mommy Fortuna wie auch deren Diener tötet. Das Einhorn tritt gemeinsam mit Schmendrick die Fortsetzung seiner Reise an, konnte ihnen Fortuna doch vorher mitteilen, dass der Rote Stier existiert und zu König Haggard gehöre. In den Gesprächen nach ihrer Flucht wird erneut deutlich, dass sich das Einhorn in die Reihe der Protagonisten des Fantasyzyklus einordnet, die zunächst wenig sympathisch erscheinen.[8] Das Einhorn selbst leidet nicht unter dem Manko der Menschenwelt, etwas immanent Wichtiges unwiederbringlich verloren zu haben, ist es doch selbst Bestandteil dessen, was sich langsam aus der Welt zurückzieht und verschwindet. Dennoch erscheint seine Unfähigkeit den Menschen, denen es begegnet, mit Em-

---

[8] Die Charakterzeichnung des Unsympathischen hat seinen Grund vor allem im Modus des *Coming-of-Age*-Aspekts der Filme, die im Erwachsenwerden der Protagonisten eine Veränderung aufzeigen möchten, die zum Guten hinführt.

pathie zu begegnen, als ein offensichtlicher Mangel, der auch seine Erscheinung nicht als eine vollendete beschreiben lässt. Das Titellied *The Last Unicorn* der Band *America* stellt so schon zu Beginn des Films als musikalische wie textliche Begleitung des Aufbruchs des Wesens eine vorausschauende Beschreibung des Einhorns dar: Die Kernzeile des Liedes, ein Ausruf, fast ein Schrei, der als einzige Zeile den Refrain bildet, deutet mit starker Emphase auf das Leben und Lebendigsein („I'm alive"), auf die Differenz des Menschen zum Fabelwesen hin. Dort, wo der Mensch dem Lauf der Jahreszeit, dem Wachsen und Vergehen und somit dem Leben und Sterben ausgesetzt ist,[9] bleibt das Einhorn stiller Beobachter, dessen Wiehern[10] in der Ferne verklingt – und zwar, so die dritte Strophe, bis ans Ende der Zeit.[11]

Auch die zweite Szene nach Mommy Fortunas Mitternachtskarneval wird beherrscht von der Sehnsucht der Menschen nach einer anderen Welt: Um eine Räuberbande abzulenken, die ihn und das Einhorn gefangen genommen hat, evoziert Schmendrick eine Illusion von Robin Hood und seinen Gefolgsleuten. Als Prozession schreiten sie wie Geister durch den Wald und über die Lichtung der Räuberbande. Durch das Aufkommen von Seifenblasen in dieser Szenerie wird der Moment deutlich als unwirklich markiert. Um das Wohlgefallen der Räuberbande unter ihrem Captain Cully gewinnen zu können, rekurriert Schmendrick auf die Kunde, die ihm schon von eben diesem Räuberhauptmann erreicht hätte, die Lieder und Geschichten, die man über dessen Tapferkeit singen würde. Hatten die Räuber eben noch Gefallen daran gefunden, in einer Geschichte und Erzählung aufzugehen (und damit selbst schon fast zum Mythos zu werden), verrutschen plötzlich die Ebenen, zieht sich Cully doch in Differenz zum Schattenzauber Schmendricks darauf zurück, dass doch sie, die Räuber im Wald, die Wirklichkeit wären und nicht die Erscheinung Robin Hoods – vor dem Hintergrund des Films markiert dies den Verlust der eigenen Integrität, vor dem Hintergrund des Genres die Selbsterkenntnis, lediglich Versatzstück zu sein.

Schmendrick, der sich und das Einhorn durch die Kenntnis von Geschichten retten konnte, trifft bei seiner Flucht auf die Frau des Räuberhauptmanns, Molly

---

9 So der Songtext weiter: „When the first breath of winter / Throught the flowers is icing / And you look to the north / And a pale moon is rising / And it seems like all is dying / And would leave the world to mourn."
10 „In the distance hear her laughter / Of the last unicorn." Dass mit „laughter" eher das Wiehern des Einhorns gemeint ist, wird durch die Tatsache gestützt, dass das Einhorn schlicht nicht in dem Sinne Freude empfindet, die es wahrhaftig zum Lachen bringen könnte.
11 Der Schmetterling beschrieb das Einhorn zwar „old like the moon", der Text des Liedes verweist aber durch die Zeile „When the last moon is cast" auf ein Weiterleben des Wesens über das Ende der Erde (oder zumindest des Mondes) hinaus.

Grue, die nach ihm nun die dritte Figur des Films ist, die das Einhorn erkennt – und mehr noch: wiedererkennt. Die Klage Mollys, wo das Einhorn im Laufe ihres Lebens und Aufwachsens denn gewesen sei, vermischt den Verlust des Magischen mit dem Verlust der eigenen Kindheit und Unbedarftheit, die nun für immer fort sind.[12] So wechselt der Moment ihres Erstaunens und des Wiedererkennens hin zu einem Moment der Anklage; nicht nur habe das Einhorn das kleine Kind, das sie einst war, alleine gelassen, sondern stehe es nun zu einem Zeitpunkt vor ihr, wo sie sich ihres Alters und der an ihr sichtbaren Enttäuschungen des Lebens schämt. Wenngleich Molly über keinen eigenen Zauber verfügt, so kann sie doch weiterhin Zauberhaftes sehen, anders als die anderen dem Einhorn auf seiner Reise begegneten Menschen. Die Möglichkeit, mit der anderen Seite der Welt in Kontakt zu treten, hat sich Molly trotz ihres Alters behalten. An ihrer Erscheinung lässt sich durchaus extrapolieren, inwiefern der Film versucht, eine Affektpoetik der Trauer zu etablieren, um hier, wie angedeutet, einen Modus der Ohnmacht und Resignation zu beschreiben. Diese setzt sich akustisch in den Stimmen der Figuren um, der leisen und sanften Stimme des Einhorns, der rauen Stimme Mollys, visuell in der Inszenierung ihrer Augen: Die Lider zur Hälfte gesenkt, erwecken sie oft den Eindruck, dass die Protagonisten auf den Boden schauen und nicht auf das, was vor ihnen liegt.

Vor diesem Hintergrund ist es bezeichnend, dass der Rote Stier im materiellen Sinne über keine Augen verfügt (vgl. Abb. 28).[13] Der Film gibt dem Zuschauer keine Auskunft darüber, woher der Stier des Königs genau kommt, ob es sich bei ihm um beschworene Magie handelt oder eine Form des Teufelspakts. Die Augen des Stiers, dem Wesen aus züngelnden, aber nicht verzehrenden Flammen, sind zwar schwarz umrundet, doch in ihrem Inneren weiß und damit leer; das, was der Stier so einmal bei seiner Jagd in den Blick genommen hat, spiegelt sich nicht in diesen Augen. Gerade in Bezug auf einen Animationsfilm wirken sie daher so, als fehle hier schlicht die Farbe der Zeichnung, öffnen dadurch den Blick auf die Technik und den Hintergrund, auf dem eigentlich hätte etwas existieren sollen, aber nichts zu finden ist; der Stier erscheint allein durch diese Eigenschaft unvollendet. Gerade in Verbindung mit König Haggard fällt es schwer, den Stier in seiner Beziehung zum König nicht psychoanalytisch zu deuten.

---

12 Das Einhorn zeigt hier durchaus so etwas wie Mitleid und einen Versuch des Trostes, zumindest ließe es sich in die Pose des Fabelwesens hineininterpretieren, als es seine Wange an Mollys legt.
13 In manchen Szenen des Films wie auch den Stills hat es den Eindruck, als würden Haggards Augen rot schimmern, sie also doch eine Verbindung zum Stier und das fehlende Teil des Körpers des Untiers darstellen.

Abb. 28: Der Rote Stier.

Denn Haggard wirkt schon im ersten Moment seines Auftretens wie ein lebender Toter; sein sprechender Name verweist auf seinen ausgemergelten Körper und sein eingefallenes Gesicht: Seine lange spitze Nase erweckt den Eindruck, dass sich das Gesicht des Königs nach unten in die Länge ziehen würde, die wenigen verbliebenen weißen Haare stehen wild von seinem Kopf ab, wachsen wie sein Kinnbart und die Brauen seiner Augen einfach in die Länge, seine Haut ist aschfahl, in seinem Mund sind nur noch vereinzelt Zähne zu erkennen (vgl. Abb. 29). Auch aus seiner Stimme ist jegliche Form von Leben, Wärme und Mitgefühl gewichen, seine Sätze sind kurz und fungieren nicht als Teile eines Dialoges,[14] an dem der König eh kein Interesse zeigt. Die neuen Besucher seiner Burg sind für ihn lediglich Mittel zum Zweck, eine sich bietende Gelegenheit, einen Moment des Interesses oder gar eines tiefergehenden Gefühls wie Freude zu empfinden. Der Rote Stier, dem Haggard durch seinen roten Umhang farblich verbunden ist, wirkt wie die Verbannung seiner Gefühle und Leidenschaft in den Unterbau, den Keller seines Schlosses, wo der Stier haust, und damit auch wie eine Externalisierung ungewünschter Regungen. Doch auch hier bleibt die Beziehung der beiden elliptisch, fehlen Momente der Beschwörung oder der direkten Adressierung Haggards an das Tier. Das mögliche, durch den Stier verkörperte Begehren des Königs wird durch seine Geschichte, ähnlich wie bei Molly Grue, an eine Erfahrung seiner Vergangenheit gekoppelt, an eine Erinnerung längst vergangener Tage. Einst fühlte Haggard beim Zusammentreffen mit einem Einhorn einen kurzen Moment

---

14 Dieser Effekt wird in der deutschen Synchronisation des Films noch durch den Umstand verstärkt, dass Christopher Lee auch in dieser Version die Sätze Haggards eingesprochen hat. Trotz Lees fließender Deutschkenntnisse schleicht sich ein Moment der Unheimlichkeit in seine Sätze, wirken sie doch durch die besondere Betonung der Wörter und des Satzbaus auf einnehmende Art fremd.

der Freude, den er seitdem, nun mit Hilfe des Roten Stiers, zu wiederholen versucht. So wurde Haggard zum Sammler, der zwar den Auslöser seines kurzen Glücks einfangen und behalten kann, jedoch nicht in der Lage ist, diesen einen Moment zurück zu holen; denn genau darum geht es Haggard: nicht um die Möglichkeiten neuen Glücks, sondern um die Wiederholung eines immer schon gekannten Augenblicks. Das unterscheidet ihn in seiner Rolle als König von den anderen Antagonisten der Filme, will Haggard doch in erster Linie nicht herrschen, sondern glücklich sein. Eine fast schon märchenhafte Motivation.

Abb. 29: Mehr tot als lebendig: König Haggard.

Die Symbiose besteht jedoch nicht nur zwischen Haggard und dem Stier, sondern gleichsam, ähnlich wie in EXCALIBUR, auch zwischen Haggard, der Burg und dem Land, das sie umgibt. Nicht nur erweist sich dieses als ähnlich tot wie sein Herr, ausgedörrt, blass und leer, sondern die Burg auf der Klippe am Rande des Meeres wirkt wie das sprichwörtliche Ende der Welt, das vom Schmetterling tatsächlich so erwähnt und als Ort bezeichnet wurde, an dem die Einhörner zu finden seien. Haggards schwarze Burg wird direkt bei der Ankunft der Gruppe als magischer Ort und damit als Ursprung des Roten Stieres inszeniert, umgibt die Burg doch ein ähnliches rotes Leuchten, wie es die Harpyie in Mommy Fortunas Käfig begleitet hat. Bereits kurz vor der Burg wird die Gruppe vom Stier angegriffen. Das Einhorn kann nur überleben, weil es Schmendrick durch einen Zauber verwandelt. Schmendrick charakterisiert die von ihm gewirkte Magie hierbei als von ihm unabhängig („Magic, do as you will!"); zwar ist er der Mediator, der den Zauber spinnt, doch die eigentliche Wirkung entfaltet sich losgelöst von seinem Willen.

Das Einhorn wird nun zur jungen Frau, zu Lady Amalthea,[15] und tritt damit erstmals in die Zeitlichkeit der Menschen und der Welt ein. Durch dieses *zur Welt kommen* erfährt Amalthea / das Einhorn zum ersten Mal, was Zeit bedeutet und zwar in Form ihres veränderten Körpers, dessen Altern und Sterben sie nur Sekunden nach ihrer Transformation schon zu spüren scheint, was sie an den Rand des Wahnsinns zu führen droht; das *I'm alive* des Titelliedes gilt nun auch für sie. Bezeichnenderweise beginnt zwar mit dieser Verwandlung die Entwicklung des Einhorns hin zu einem mitfühlenden, empathischen Wesen, doch bleiben die Stimme wie auch die Augen des Einhorns gleich, bleiben dem schon vorher traurigen, ruhigen Timbre wie auch den niedergeschlagenen Augen treu, wenngleich diese nun im Gesicht einer Prinzessin eine leicht misszuverstehende Bedeutung erhalten können. Im Gespräch zwischen König Haggard und Lady Amalthea auf dem Balkon seiner Burg deutet sich bereits an, was in der Erzählung des Schmetterlings zu Beginn des Films den Anfang der Reise des Einhorns markiert hat, dass die Einhörner eben genau dort vom Roten Stier ins Meer getrieben wurden. Noch lässt der Film offen, ob sich dies tatsächlich so zugetragen hat, und noch bleibt die Frage ausgespart, ob dies nicht den Tod der Einhörner bedeuten würde. In diesem Gespräch aber, in dem Haggards Misstrauen gegenüber dem verwandelten Einhorn bereits deutlich wird, stehen erneut die Augen im Zentrum. Bei ihrer Ankunft konnte sich Haggard nicht in den Augen Amaltheas spiegeln (so wie auch der Rote Stier den anderen nicht spiegeln kann); nun, wo er ihr unaufhörlich nähergekommen ist, taucht er auch in ihren Augen als seine eigene Reflexion auf, als Zeichen dafür, dass der Körper der Frau (des Menschen) Oberhand gewinnt über das Einhorn (das Fabelwesen).

Gerade aber im letzten Teil des Films, seit der Ankunft der Gruppe an der Burg Haggards, verändert sich der Duktus des Films leicht, wechselt sein Sinngehalt wie der Stil der Erzählung. Am auffälligsten ist dies in der Annäherung von Amalthea und Lír, die beide plötzlich anfangen zu singen. Eher (auch zeitgenössisch) eine Praxis der Produktionen Disneys, folgen sie einem nahezu grundlegenden Schema des Musicals: Dem Gesang des einen folgt der Gesang des anderen, bis beide schließlich in einem Duett zusammenfinden, um die durch das Lied endgültig erkannte Zuneigung zueinander in einem Kuss zu besiegeln. Dieses Zueinanderfinden funktioniert im Film auf zwei Ebenen. Zum einen, so beschreibt es Lír, als Erfüllen einer Rolle, wie sie ein Prinz und eine Lady eben einzuhalten haben, zum anderen im Aufgehen des Einhorns in der Frau. Lír spielte diese

---

15 Wie sehr das Einhorn nun von den Menschen, und hier dem Mann, abhängig ist, wird weiterhin durch den Umstand verstärkt, dass es Schmendrick ist, der ihr ihren Namen und durch den Titel der Lady eine Rolle verleiht.

Rolle, indem er althergebrachten Vorstellungen von Ritterlichkeit folgte. Während des Liedes von Amalthea kristallisiert sich Lír aus einer dreifach irritierenden Szene heraus. Der dahineilende Schatten eines Einhorns entpuppt sich als der berittene Lír, der eine Lanze an seiner Seite in Angriffsposition gebracht hat, während im Wasser neben dem Weg Narwale schwimmen. Verfügen diese Wale tatsächlich über ein dem Einhorn nicht unähnliches Horn, wurden sie im Laufe der Geschichte immer wieder als Beweis dafür herangezogen, dass es so etwas wie Einhörner tatsächlich geben würde. Lírs Ritt wird so zur Illusion, nach deren Auflösung die Erkenntnis bleibt, dass weder im Wasser noch auf seinem Weg ein Einhorn zu finden sei. Mehr noch reitet Lír nun aber, um seiner Rolle als Ritter (erst später: Retter) gerecht zu werden, in den Kampf gegen einen Drachen, der starke Anlehnung an traditionell ostasiatischen Vorstellungen des Untiers findet. In einer Welt, die seit dem Verschwinden der Einhörner vom Verlust der Magie bedroht ist und nur im Budenzauber wiedererweckt werden kann, irritiert nicht nur das einfache Einblenden eines Drachen, sondern darüber hinaus seine beiläufige Tötung, die nicht einmal den gewünschten Effekt bereithält: Die Lady würdigt den abgeschlagenen Kopf in den Händen des Prinzen kaum eines Blickes (vgl. Abb. 30). Innerdiegetisch lässt sich diese Häufung von Unerwartetem und Magischem, wie etwa die sprechende Katze in der Küche und das animierte Skelett in der Vorhalle der Burg, durch die Nähe der Einhörner erklären, die Haggard in den Fluten vor dem Schloss gefangen hält; extradiegetisch jedoch scheinen die einzelnen Figuren plötzlich von ihren Rollen derart verwirrt, als wollten sie einem Programm folgen, welches qua Genre in sie eingeschrieben ist.

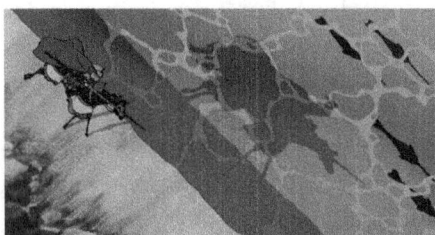

Abb. 30: Das Versagen einstiger Regelwerke der Ritterlichkeit.

Erst als die Gruppe den Weg zum Roten Stier gefunden hat, der sie durch eine Uhr (und damit durch die Zeit) zu ihm führt, können sich Amalthea und Lír gegen das Happy End entscheiden. Die Kraft, die das nun im Angesicht des Stieres zurückverwandelte Einhorn findet, welches sich, anders als seine Artgenossen, wehren kann, schöpft es durch die Erfahrung der Sterblichkeit, die im Film mit der Erfahrung der Liebe verknüpft ist, die zwar Ewigkeit will, aber nicht besitzt. Für das Hineintreiben des Stiers in die Gischt der Wellen gibt das Meer die Einhörner frei, deren donnernden Hufe in diesem Film des Zyklus den Ort des Antagonisten, die Burg Haggards, zum Einsturz bringen und gemeinsam mit ihm im Meer versinken lassen, als hätte nur ihre Präsenz Steine zusammen- und Haggard am Leben gehalten. Trotz der Rückkehr der Einhörner in die Welt haben sich die Figuren gegen ein Happy End entschieden, bei dem Lír und Amalthea glücklich bis an ihr Ende miteinander hätten leben können. Mussten es gar, wie Schmendrick argumentiert. „There are no happy endings, because nothing ends." Tolkien hätte dies, vor dem Hintergrund seiner Ausführungen zur *fairy story*, sicherlich gefallen.

Die Halde am Rand der Koboldstadt: LABYRINTH

Der Film beginnt mit seinem Ende – zumindest auf Ebene des Dialogs. In einem weißen Kleid, einen Blumenkranz im schwarzen Haar, läuft ein junges Mädchen über eine steinerne Brücke. In ihrem Gesicht ist noch das Pausbäckige des kleinen Kindes zu erkennen, das sie einst gewesen ist. Unter grauen Wolken bleibt es auf einer Wiese stehen, Wind kräuselt das Wasser des Sees hinter ihr, auf dem ein Schwan zu sehen ist. Ihre Augen sind starr auf ein Gegenüber gerichtet, welches dem Zuschauer verborgen bleibt und dem sie sich unaufhörlich nähert. „Give me the child. Through dangers untold and hardships unnumbered, I have fought my way here to the castle beyond the Goblin City to take back the child that you have stolen. For my will is as strong as yours, and my kingdom is as great ... " Ein Donnerschlag holt sie aus ihrem Monolog, lässt sie beinah erschrocken zum Himmel hinaufsehen. Als sie fortfahren will, gelingt ihr dies nicht mehr. „For my will is as strong as yours, my kingdom as great ... Damn." Sie zögert, schaut auf den Boden und holt schließlich ein schmales, in Rot geschlagenes Buch aus dem Ärmel ihres Kleides, auf den in goldenen Buchstaben der Titel *The Labyrinth* zu lesen ist. Nachdem sie kurz in dem dünnen Büchlein geblättert und gelesen hat, findet sie nicht mehr zu ihrem immer noch unsichtbaren Gegenüber zurück: „You have no power over me." Den Satz zitiert sie nicht, sie liest ihn, das Buch hoch zum Gesicht erhoben, den Kopf in die Seiten hinein geneigt, so als hätte sie den Sinn der Worte nicht verstanden. Die Illusion ist gebrochen, der vom Unwetter bedrohte

Park ist eine gewöhnliche Grünanlage, das von ihr getragene Kleid ein Kostüm. Der Angesprochene erweist sich als großer, weiß-grauer Hund, der ihr von einer Parkbank aus entgegenbellt (vgl. Abb. 31). Als sodann eine Turmuhr schlägt, merkt das Mädchen, dass sie zu spät kommen wird. Um schneller laufen zu können, rafft sie ihr Kleid, ihre Jeans wird sichtbar. Das drohende Unwetter hat sie nunmehr eingeholt, kurz bevor sie das Haus und damit ihr Obdach erreicht, ergießt sich ein Regenschauer über das Mädchen und ihren Hund Merlin. „Oh, it's not fair!", protestiert sie, unfähig, sich oder ihr Kleid vor dem herabfallenden Regen zu schützen. An wen sich dieser Protest richtet, bleibt hierbei offen.

Abb. 31: LABYRINTH: Doch nur Teil der gewöhnlichen Welt.

Bereits in der Eröffnungsszene des Jim-Henson-Films LABYRINTH und der Exposition seiner Hauptfigur, der jungen Sarah, wird eine Konstante der innerdiegetischen Handlung des Films entfaltet: der Aufbau einer Situation, die sich beim näheren Hinsehen als Täuschung und damit möglicherweise als falsch erweisen wird. Es handelt sich nicht um eine Prinzessin im Garten ihres Schlosses, sondern um ein junges Mädchen in einer selbst gewählten Rolle. Die bis zur Hälfte des Films andauernde Überzeugung Sarahs, dass das Leben und die Welt nicht fair zu ihr sind,[16] beginnt bereits bei ihrer Ankunft im Haus des Vaters und seiner neuen Frau, die sich selbst nach einem kurzen Streit als Figur aus einem Märchen betrachtet, wenn Sarah ihr das Gefühl vermittle, die Rolle der bösen Stiefmutter spielen zu müssen. Schon hier eröffnet sich eine merkwürdige Diskrepanz im Dialog und Schauspiel: Sarahs Stiefmutter reagiert mit Verständnis und Einfühlung, das Mädchen hingegen mit Vorwürfen und stampfenden Schritten auf dem Weg zu ihrem Zimmer. Der Bitte des Vaters, auf ihren kleinen Stiefbruder Toby aufzupassen, wenn die Eltern nun das Haus verlassen, kommt sie nur ungern nach. Ihr Bruder weint und schreit, nachdem ihre Eltern gegangen sind, und kann auch von Sarah nicht beruhigt werden. So tut sie etwas recht Unerwartetes: Sie verwünscht ihn, übergibt ihn durch ihre Worte, gesprochen mit der aufgezogenen Mütze ihres

---

16 Auch in THE LAST UNICORN kommentiert Molly Grue die Verwandlung des Einhorns in eine menschliche Frau wiederholt mit dem Vorwurf, dass dies nicht fair sei.

Bruders und mit einer verzerrten Grimasse in den Spiegel blickend, in die Obhut des Goblin King am Rand der Koboldstadt, der, dies sei vorweggenommen, tatsächlich kommt und das Kind entführt.

Interessant erscheinen vor diesem Hintergrund die Übergänge zwischen den beiden Räumen, dem *diesseitigen* Haus von Sarah und ihren Eltern und der *jenseitigen* Welt, in welche der König das schreiende Kind mitnimmt. Bereits als der Gedanke in Sarah reift, ihren Bruder zu verwünschen, erfolgt ein Gegenschnitt auf mehrere Kobolde, die in bedrückender Enge zusammengepfercht darauf warten, dass Sarah die richtigen Worte spricht, um die Verwünschung zu vollziehen. Nicht klar wird dabei, wohin der Film an dieser Stelle eigentlich schneidet. Sarahs Blick in den Spiegel und die Enge des Ortes, wo die Kobolde sitzen, legt nah, dass sie hinter dem Spiegel auf das Finden der richtigen Worte hoffen; indes, ein inszenierter Durchbruch der Welt hinter den Spiegel bleibt zunächst aus. Als die Worte gefunden sind – und damit Sarah in Anlehnung an den Beginn des Films als jenes Mädchen präsentiert wird, die doch noch den richtigen Text zu sprechen in der Lage ist –, wechselt das Schreien des in seinem Bettchen zurückgelassenen Toby abrupt zu einer unheilvollen Stille. Sarah, die bereits den Raum verlassen hatte, nicht an ihre Verwünschung glaubend, findet zwar ihren Bruder nicht mehr, dafür aber den Raum seltsam belebt vor, als in jedem Winkel des Schlafzimmers ihrer Eltern nun Kobolde zu sehen sind, die aus Ecken und Schränken, Truhen und Ritzen den Weg ins Zimmer finden und erst verschwinden, als Sarahs Blicke sie treffen. Dieses Eindringen einer anderen Welt in die vertraute Umgebung des Hauses wird in dieser Szene mittels Musik in eine Spannung getrieben, die durch eine vor dem Balkonfenster flatternden Schneeeule ihren Höhepunkt als auch ihre Katharsis findet. Die Eule, die bereits (computeranimiert) in den Credits des Films zu sehen war und sich von diesen hinein in den Park bewegte, in welchem der Zuschauer Sarah zum ersten Mal begegnet, gelangt nun durch die sich von selbst öffnende Tür in den Raum, umfliegt Sarahs Kopf und verwandelt sich in Jareth, den Koboldkönig. Und auch diese Verwandlung findet, wie der Übertritt der Kobolde von der einen in die andere Welt, in einem Off statt, wird nicht mit der Tricktechnik des Films spektakulär in Szene gesetzt. Jareth wächst als Schatten im Licht durch die immer noch geöffnete Tür in Sarahs Welt hinein und ist nach einem Gegenschnitt bereits da – vielleicht, weil er immer schon dort gewesen ist. Das Unwetter, was kurz vorher noch vor dem Fenster tobte, scheint verschwunden.

Mit dem Auftritt Jareths, der von einer verzaubernden statt einer verängstigenden Musik und glitzerndem Staub in der Luft des Zimmers begleitet ist, wird ein konservativer Aspekt des bisherigen Genrezyklus der Fantasy deutlich, eben weil er nun gebrochen wird: das Festhalten an normativen Genderkonstruktionen, dessen offensichtlichste Ausnahmen in Hensons Film zu finden sind. Durch den Koboldkönig Jareth, in dem die Starpersona David Bowies, dessen Bühnenoutfit wie auch seine Rolle verschmelzen, kommt zum ersten Mal offensiv ein Aspekt in den Film (und damit auch in die Filme), der als *queer* zu bezeichnen wäre.[17] Die Konstruktion von Weiblichkeit, die in seinen toupierten Haaren und seinem feminin geschminkten Gesicht zu finden sind, treffen auf die Hypermaskulinität einer sichtlich zu engen Hose.[18] Angelehnt an Verführer-Figuren des frühen fantastischen Kinos (vor allem an die Figur Draculas) machen ein hoher Kragen und weiter Umhang die Erscheinung Jareths imposanter, wirken die verschiedenen Farben (oder eher Helligkeitsstufen) seiner Augen[19] mysteriös, seine Fähigkeit, sich in eine Eule zu verwandeln (so wie Dracula in eine Fledermaus), wirkt animalisch (vgl. Abb. 32).

Abb. 32: Sarahs nunmehr manifestierter Wunsch: Koboldkönig Jareth.

Die Beziehung zwischen Jareth und Sarah bringt nunmehr eine weitere Dimension in den Zyklus der Filme, der in Hinblick auf die Fantasy bemerkenswert ist:

---

17 Das Kokettieren mit diesen Uneindeutigkeiten korrespondiert natürlich mit der Starpersona Bowie, wird aber hier dennoch zum ersten Mal prominent für die Fantasy in Szene gesetzt.
18 Diese Zeichen der Hypermaskulinität finden sich erst bei späteren Auftritten Jareths, nicht bei der ersten Begegnung im Schlafzimmer von Sarahs Eltern.
19 Bowies Augen wirkten durch eine Verletzung der Pupillenmuskulatur zweifarbig.

den Aspekt der Begierde. Diese Begierde unterscheidet sich von Inszenierungen der Sexualität, wie sie unter anderem in CONAN oder EXCALIBUR zu finden sind, und findet gleichsam auch andere Formen der Inszenierung als in THE LAST UNICORN (die Begierde Haggards) oder, wie noch zu beschreiben sein wird, in LEGEND. Gekoppelt an das Moment des Erwachsenwerdens, was in LABYRINTH wie in kaum einem der anderen Filme ins Zentrum rückt, handelt es sich um eine kindliche Form der Begierde: Jareth, der ältere, zwischen den Geschlechtern stehende, gefährliche und doch anziehende Mann, dessen Aggressionen jeden Moment in einen Akt der Fürsorge (und vice versa) umschlagen können, bringt es im abschließenden Dialog der beiden Protagonisten am Ende des Films auf den Punkt und verbindet damit die anfängliche Szene im elterlichen Schlafzimmer mit der finalen Konfrontation zwischen ihm und Sarah in seinem Schloss. Durch Sarahs Eindringen in sein Refugium in die Enge getrieben, versucht Jareth, sie ein letztes Mal auf Distanz zu halten, da sonst seine Großzügigkeit in Grausamkeit umschlagen könnte. Sarahs Reaktion gleicht in ihrer Mimik dem empörten Kind, das keinen Akt der Großzügigkeit in seinem Handeln entdecken kann und erst eine Erklärung fordert, die er ihr sodann gibt:

> Everything that you wanted I have done. You asked the child be taken. I took him. You cowered before me, I was frightening. I have reordered time. I have turned the world upside down, and I have done it all for you! I am exhausted from living up to your expectations. Isn't that generous?[20]

Die Konfrontation zwischen den beiden ist der zweite Moment einer Inszenierung dieser (vielleicht gar kindlichen) Begierde. Der Raum des Schlosses, in dem Sarah Jareth am Ende des Films stellt, um ihren Bruder zu befreien, ja: vor der Verwandlung in einen Kobold zu bewahren, verliert jede räumliche Integrität, ist nur noch, wie in einem Gemälde von E. C. Escher, eine Aneinanderreihung von Treppen, Türen, Torbögen und Decken, die weder Logik noch Gesetz kennt und sich im Laufe des Dialogs final auflösen wird (vgl. Abb. 33). Hier entfaltet sich ein Moment der Unterwerfung des begehrten Objekts (Jareth), eine Verfügbarmachung, die sich jedoch nicht in einer körperlichen Katharsis entlädt, wie einer Umarmung oder einem Kuss, sondern im Sieg und Oberhand-Erringen über das begehrte Andere, das sich in Form eines Königs dem Willen eines Mädchens beugt.

Diese Begierde ist in doppelter Weise nicht nur in ihrer Auflösung bemerkenswert, sondern auch in ihren Grundvoraussetzungen, die in Sarahs Zimmer und damit noch einmal an den Anfang des Films zurückführen. Sarahs Zimmer ist vollgestellt mit Büchern, Figuren, Plüschtieren und Postern. Es ist ein Raum, der weder von ihrem Vater noch der Stiefmutter betreten wird: Der Vater kom-

---

20 LABYRINTH, TC: 01:31:13 ff.

Abb. 33: Steingewordene Verwirrung.

muniziert zu Beginn wie auch zum Ende des Films, wenn die Rückkehr der Eltern final den Abschluss des Abenteuers markieren, durch die geschlossene Tür hindurch mit seiner Tochter, er überschreitet weder die Schwelle, noch öffnet er die Tür in ihr Zimmer. Die Wichtigkeit jedes einzelnen Elements in ihrem Zimmer wird zu Beginn der Handlung deutlich, als sie erkennt, dass jemand einen ihrer Teddybären entwendet hat, um diesen ihrem Bruder ins Bett zu legen. Die Lücke im Regal, die die Kamera in einer Naheinstellung einfängt, markiert nicht nur den Übergriff in ihren persönlichen Nahraum (jemand war heimlich in diesem Zimmer!), sondern vielmehr das Entfernen eines Gegenstandes aus dem Museum ihrer Kindheit, in dem sie sich selbst gefangen hält; was durchaus erklärt, warum der Vater die Schwelle zu ihrem Raum nicht überschreiten kann.

Den einzelnen Elementen in Sarahs Raum kommen aber noch zwei andere Bedeutungen zu.[21] Zunächst verlagern sie die Geschehnisse des Films in einen Raum der Ambivalenz, dem bereits beschriebenen Widerspruch zwischen Schein und (innerdiegetischer) Wirklichkeit. Denn nahezu alle Gegenstände des Zimmers können als späteres Element der fantastischen Reise ins Labyrinth wieder-

---

21 In Sarahs Zimmer findet sich u. a. ein Buch mit Bildern und selbst gestalteten Collagen, die anscheinend ihre Mutter gemeinsam mit Jareth / Bowie zeigen. Auch an ihrem Spiegel finden sich diese Fotografien. In den Paratexten des Films wird auf die Geschichte der Mutter rekurriert, die im Film selbst nur durch diese Bilder gegenwärtig ist, jedoch weder angesprochen noch in Großaufnahme in die Handlung hineingeholt wird. Die Zeitungsartikel legen nah, dass Sarahs Mutter eine Schauspielerin ist. Spannend bleibt aber, dass Sarah am Ende des Films auch diese Bilder ihrer Mutter, auf denen sie gemeinsam mit Bowie zu sehen ist, von ihrem Spiegel abnimmt und wegräumt. Weder ihre Mutter noch der Vater oder dessen neue Frau tauchen (verwandelt) auf ihrer Reise auf.

entdeckt werden: Eine Figur Jareths ist ebenso zu erkennen wie ein Holzlabyrinth. Eine Plüschfigur des als Sir Didymus auftretenden sprechenden Fuchses reiht sich neben die Bibliothek moderner und kanonisierter Märchen und Fantasyerzählungen, darunter die Märchen der Gebrüder Grimm und Hans Christian Andersens, *Wizard of Oz* oder *Alice in Wonderland* (vgl. Abb. 34). Und zunächst versursacht der Blick in ihr Zimmer retrospektiv auch eine Neuperspektivierung: Nicht nur scheint sich alles, was nach dem Schnitt in das Reich Jareths folgt, als Tour de Force durch das Zimmer ihrer Kindheit wahrnehmen zu lassen,[22] auch die Irritationsmomente etwa ob der unerwarteten Gesangs- und Musicalnummern, allen voran Jareths respektive Bowies *Magic Dance* scheinen sich zu relativieren: Motiviert es nicht schlicht Sarahs Vorliebe für Musicals, sichtbar durch die Poster der Andrew-Lloyd-Weber-Musicals *Evita* (1976) und *Cats* (1981) an ihren Wänden, dass die Protagonisten in Sarahs Vorstellung plötzlich in Gesang und Tanz ausbrechen?[23] Doch bei näherer Betrachtung entzieht sich der Film dieser Schlussfolgerung wieder, hält auch diese in der Schwebe und möglichen Kippe, die keiner Eindeutigkeit Vorrang gibt.[24] Genau genaugenommen beginnt Sarahs Reise außer-

Abb. 34: Die Materialität der Genrepoetik: Sarahs Bücherregal.

---

22 Eine ähnliche Inszenierung findet sich gleichfalls in Terry Gilliams TIME BANDITS (UK 1981), nur dass dort die Reise des Kindes durchaus durch kinematografische Konventionen wie dem Einschlafen des Protagonisten gerahmt bleibt. Auch hier finden sich die Stationen seines Abenteuers in gegenständlichen Äquivalenten in seinem Zimmer.
23 Damit hebt sich die eh jederzeit überwindbare Trennung zwischen Gut und Böse des Films auf, denn böse Menschen haben ja bekanntlich keine Lieder.
24 Statements vonseiten der Produktion, dass es sich bei der Geschichte des Films nur um Sarahs Traum oder Regungen ihres Unbewussten handelt, lassen sich so eindeutig nicht auf die Inszenierung des Films übertragen. Die Ambivalenzen bleiben bestehen, eine kongruente Auflösung ist nicht möglich – und wäre als Ziel einer Analyse zweitranging.

halb ihres Zimmers, im Schlafzimmer am nunmehr leeren Bett ihres kleinen Bruders, während sie sich nach dem Erleben in Jareths Schloss am Ende des Films im geräumigen Flur des Hauses wiederfindet. Mehr noch aber verlässt der Film hin und wieder die Protagonistin, wechselt in eine Beobachterperspektive, die nicht an seine Hauptfigur gebunden ist; so unter anderem in der bereits erwähnten Musicalszene des *Magic Dance* oder auch zu den Begleitern ihrer Reise, dem Zwerg Hoggle und dem fellbesetzten Riesen Ludo,[25] oder eben Sir Didymus, als Sarah für kurze Zeit von ihren Begleitern getrennt wird.

Die intertextuellen wie intermedialen Anspielungen in Sarahs Zimmer sind jedoch noch auf eine andere Art wichtig. Sie nehmen eine Entwicklung vorweg, die filmgeschichtlich vor allem in den 1990er Jahren und dort verbunden mit dem Neo-Slasher SCREAM (1996) unter der Regie Wes Cravens kulminiert. Cravens Film wird in diesem Kontext gern mit dem Attribut der Postmoderne[26] in Verbindung gebracht, welche im Bereich des Films häufig im bloßen Verweis auf eine Form des Zitate-Kinos reduziert wird. Solche Zuschreibungen blenden nicht nur das Diktum Cavells aus, sondern auch die technisch-medialen Veränderungen der 1980er Jahre. Die Möglichkeit der Zitation aus dem Archiv der Filmgeschichte, so sie denn vermehrt auftritt, findet seinen Grund vor allem in den Veränderungen, denen der Zugriff auf dieses Archiv ausgesetzt war; gemeint ist Zirkulation audiovisueller Inszenierungen durch die VHS-Kassette und den Videorecorder wie auch die Ausdifferenzierung des Programms der Fernsehsendeanstalten. Die Zitate in SCREAM, die sich im Aufbau des Bildes, in der Erwähnung spezifischer Wegmarken der Geschichte des Horrorfilmgenres und zahlreichen kleineren Anspielungen wiederfinden, markieren neben der Rezeptionsfreude des kundigen Insiders zudem eine wichtige Prämisse, nämlich diese, dass die Figuren explizit die Welt der Zuschauer teilen. Sie kennen jene Filme, die auch die Zuschauer erfahren, und versuchen innerhalb der Handlung mithilfe dieses Genrewissens schlicht am Leben zu bleiben. Die innerdiegetisch geführten Dialoge über Wert und Unwert des Horrorfilms in SCREAM zielen erneut auf das eigene Denken der Zuschauer über ihre Vorlieben oder auch schlicht auf ihr Verhältnis zum soeben rezipierten Film. LABYRINTH nutzt eine ähnliche Strategie und positioniert Sarah in einem Zimmer, das gleichfalls als Schnittstelle zwischen den einzelnen fantastischen Texten fungiert, die der Zuschauer aus der

---

25 Ludos Erscheinung ist eine Anlehnung an die *Wild Things* aus Maurice Sendaks Buch *Where the Wild Things Are* (1963), auch dort beginnt die Reise eines kleinen Jungen zu den Wilden Kerlen in seinem Zimmer. Sandaks Buch *Outside Over There* (1981) lieferte zudem die Grundidee des Filmes – dieses Buch befindet sich ebenfalls in Sarahs Bücherregal.
26 Der Bezug medialer Texte auf andere mediale Texte ist hingegen mindestens so alt wie J. W. Goethes Klopstock-Moment in *Die Leiden des jungen Werthers* (1774).

eigenen Kindheit und Medienbiografie kennt. Und wie in SCREAM versucht Sarah mit diesem Wissen ihren Weg durch das Labyrinth zu finden. Besonders deutlich wird dies, als sie bei ihrer Reise an zwei Türen gelangt, vor der ihr zwei lebende Spielkarten den Weg versperren. Darauf befragt, welcher der Türen den Weg ins Schloss öffnen würde, antworten die Karten mit einem zunächst logisch klingenden Rätsel, dabei an klassische Sagen und Märchen erinnernd, wobei einer der beiden immer lügt, hingegen der andere verpflichtet ist, die Wahrheit zu sagen. Das Gespräch zwischen Sarah und den Karten wechselt nun in den sogenannten *Alice-Modus*[27], der auf die Produktion von Nonsens in den Werken Lewis Carroll rekurriert, die gleichfalls vom Zuschauer in Sarahs kleiner Bibliothek zu Beginn des Films entdeckt werden konnten. Bereits durch die Inszenierung der Türwächter als lebende Karten wird mit den Soldaten der Herzkönigin ein Motiv aus Carrolls Werk aufgegriffen und durch die Ausgestaltung der Wächter – einen Kopf, zwei Arme und Beine jeweils oben wie unten – auf den Zustand des *Upside-Down* der Welt im Kaninchenbau respektive *hinter den Spiegeln*[28] verwiesen. Sarah versucht in einer wilden Aneinanderreihung vermeintlich logischer Sätze, das Rätsel zwischen Lüge und Wahrheit der beiden Türwächter zu lösen – und liegt letzten Endes falsch. Dem von ihr ausgestellten Hochmut, zusammengefasst in der häufig genutzten Aussage, das Labyrinth (und damit auch das Leben) sei ein *Piece of Cake*, folgt dem Sprichwort rechtgebend ihr Fall, als Sarah auf dem von ihr als richtig erachteten Weg von einer Falltür verschluckt wird. Die Lektüre Carrolls hat sie somit sichtlich nicht auf die Abkürzungen durch das Labyrinth vorbereitet.

Gerade das Labyrinth als gewählter Ort der (fantastischen) Handlung jedoch ist nur schwer vom Metapherngehalt des Erwachsenwerdens zu lösen, selbst wenn hier die Dichotomien von Schein und Wirklichkeit in besonderer Weise ineinanderfallen. Dies beginnt schon vor den Toren des Irrgartens. Dort trifft Sarah auf den Zwerg Hoggle, der nicht nur durch seine rote Kappe an die Figur des *Red Cap* aus der britischen Folklore erinnert, sondern zugleich einer traurigen Umkehrung von Grimms Rumpelstilzchen ähnelt durch den später immer wiederkehrenden Moment, dass niemand seinen Namen richtig erinnert. Hoggle[29] begrüßt sie mit den Worten „Oh, it's you!"[30]; dabei vernichtet er mit einer Art Spritze für Insektenspray kleine Elfen, die von ihm besprüht zu Boden sinken. Sarah, die diese Form der Schädlingsbekämpfung grausam findet, versucht einer kleinen, am Boden liegenden Elfe zu helfen, nur um von ihr gebissen zu werden. Wisse sie

---

27 Vgl. Christine Lötscher: *Die Alice-Maschine. Figurationen der Unruhe in der Populärkultur*, Stuttgart 2020.
28 Beide Teile finden sich in Sarahs Bibliothek.
29 Sarah überrascht ihn, wie er vor dem Labyrinth in einen Teich uriniert.
30 LABYRINTH, TC: 00:15:15.

denn nicht, fragt Hoggle süffisant, dass Elfen dies nun einmal tun. Bereits damit beginnt ein Rekurs auf ihr eigenes Wissen, welches sich, ähnlich wie bei Carrolls *Alice*, permanent als irrig herausstellt, nicht nur, weil Sarah nicht (oder noch nicht) sehen kann, was wahr und was irrig, was richtig und was falsch ist, sondern auch, weil ihr mitgebrachtes (Genre-)Wissen sie im Stich lässt. Weder findet sie alleine den Eingang des Labyrinths, noch findet sie in ihm eine für Labyrinthe typische Abzweigung. Denn hinter der Tür, die sie in den Irrgarten führt, findet sie nichts als eine gerade Stecke, der jeweils in die eine oder andere Richtung zu folgen wäre. Ein Labyrinth (erneut: ein Leben), das nur aus geraden Strecken besteht, kann nicht richtig sein, deckt sich weder mit der Erfahrung, die solch ein Labyrinth mit sich bringt, noch erfordert es Entscheidungen, die zu treffen wären, wenn keine Abzweigungen mögliche Wendepunkte im eigenen Vorankommen markieren. Als sie bereits kurz nach dem Betreten des Ortes und einem Sprint auf der geraden Strecke des Labyrinthes zusammensackt, trifft sie auf einen Wurm an jener Mauer, vor der sie resignativ ihren Lauf beendet hat.[31] Dieser begrüßt sie und fordert Sarah auf, drinnen (wo immer dies auch sein mag) gemeinsam eine Tasse Tee zu trinken. Er, so weiter, könne ihr nicht helfen, schließlich sei er nur ein Wurm. Genau diese Aussage, die im Film an mehreren Stellen implizit wiederholt wird, durch äußere Zuschreibungen festgelegt zu sein, öffnet eine der Ebenen des bloßen Anscheins an diesem durch und durch unscheinbaren Ort. Auch die Abzweigung, auf die der Wurm verweist, die Kamera fängt indes weiter nur eine Wand ein, ist für Sarah und den Zuschauer nicht zu erkennen – und bleibt weiterhin unsichtbar, als die Protagonistin schließlich einfach durch diese Wand hindurchgeht. Der eigentliche Beginn dessen, was sich Sarah unter einer Reise durch ein Labyrinth vorgestellt hat, wird in kaum einem anderen Film des Zyklus so eng mit der Auseinandersetzung über das eigene Erwachsenwerden verbunden oder, um näher an der Inszenierung des Films zu bleiben, mit dem Umgang des Zurücklassens der eigenen Kindheit. Innerdiegetisch wird diese Wandlung bereits nachspürbar im Verwünschen des eigenen Bruders, der die Aufmerksamkeit der Eltern bündelt, hin zum Wunsch, diesen Bruder mittels eigener Kraft wieder zurückzuholen, um so Verantwortung zu übernehmen für das, was man selbst falsch gemacht hat.

Anders als in THE LAST UNICORN koppelt sich die Melancholie jedoch nicht an die Welt und ihre Unmöglichkeit, wieder so zu werden, wie sie einst gewesen ist, sondern an das eigene Leben, das in seinem Mikrokosmos gleichfalls permanen-

---

31 Im Bild der an der Mauer lehnenden Sarah, kurz vor ihrem resignativen Niedersinken, visualisiert sich eine starke Reminiszenz auf den *Coming-of-Age*-Film, der zurückreicht bis zu den *Halbstarken*-Filmen der 1950er Jahre, auf US-amerikanischer wie bundesdeutscher Seite.

ter Veränderung ausgesetzt ist und den Wechsel der Zeit nicht aufzuhalten vermag. LABYRINTH setzt dieses Moment des Hinter-sich-Lassens in drei Szenen um, die jede für sich Sarahs Negierung eines verführerischen Angebotes bedeuten. Die erste Verführung, die die Protagonistin daran hindern soll, ihren Weg zum Schloss (und damit zu ihrem Bruder) fortzusetzen, ist schon via Narrativ vergiftet, als Hoggle (im Auftrag des Koboldkönigs) Sarah einen vergifteten Pfirsich anbietet.[32] Als sie in diesen hineinbeißt, gleitet Sarah in den Traum einer (Masken-)Ballszene. Gekleidet in ein weißes, bauschiges Kleid, geschminkt und zurechtgemacht wie eine Prinzessin, sind es die Blicke der anderen Gäste, die ihre eigene Attraktivität wie Exklusivität bestätigen. Eine Attraktivität, die vor allem Jareth anziehen soll, der ebenfalls auf dem Ball, und somit in ihrem Traum als doppelte Wunscherfüllung, gegenwärtig ist – und zugleich doch, auch wenn es ihr Traum zu sein scheint, derjenige ist, dessen Blick über sie und das Geschehen die Oberhand hat. Traum wie Ort wandeln Sarah gleichsam zur Frau. Das weiße Ballkleid steht nicht nur in Kontrast zu ihrem weißen Rüschenhemd, ihrer Weste und blauen Jeans, mit der sie das Labyrinth betreten hat, sondern auch zu ihrem selbst gewählten Kleid zu Beginn des Films, bei der Rezitation eines (ihres) Textes im Park. Dieser Traum, der somit auch ein Traum von Weiblichkeit und Frausein[33] sein möchte, will innerhalb der Handlung des Films als nichts anderes analysiert werden als genau das: das Angebot, in einem märchen-/mädchenhaften Traum zu tanzen und – als Zentrum des Geschehens, um das sich auch inszenatorisch alles und alle zu drehen scheinen – die Zuneigung des Prinzen zu erhalten (vgl. Abb. 35). Denn als eben solchen erkennt Sarah Jareth. Die Verführung, die von Jareth ausgeht, wird an mehreren Stellen des Films, besonders im elterlichen Schlafzimmer zu Beginn des Films wie auch bei der finalen Konfrontation in seinem Schloss, als gläserne Kugeln dargestellt, die, so sie seine Hand verlassen haben, eher Seifenblasen denn festem Material ähneln: Spiegelungen und Reflexionen, die nicht real sind und bei ihrer Berührung mit der Welt (der Realität), die sie umgibt, zerplatzen. Sarah entflieht dieser Traumwelt des Balls, traut ihr nicht, erkennt ihre Begrenzung und Festlegung innerhalb einer Rolle (die der Prinzessin) und einer Funktion (die des geliebten Objektes). Und selbst wenn der Film an dieser Stelle kurz Anleihen bei der Erzählung Cinderellas nimmt, eine Flucht vom Ball des Prinzen inszeniert, lehnt Sarah das Angebot ab, zerstört seine Integrität und damit auch das Innere der Seifenblase.

---

32 Um die Anlehnung an Sarahs Bibliothek zu komplettieren: *Snow White* steht als eigenes Exemplar neben den Märchen der Gebrüder Grimm in Sarahs Bücherregal.
33 So sehr es stimmt, dass nun erstmalig im Zyklus eine starke Protagonistin zu finden ist, umso mehr fällt auch auf, dass weitere weibliche Figuren bis auf wenige zu vernachlässigende Ausnahmen im Film fehlen.

Abb. 35: Der Tanz in einer Seifenblase: Jareths Verführung.

Bereits nach der Abkehr von einem möglichen Leben in diesem Traum wird Sarah mit einer zweiten Verführung konfrontiert, die ihr ausgerechnet auf einer Mülhalde begegnet, in welche sie aus ihrem zum Platzen gebrachten Wunsch hineingestürzt ist. Dort trifft sie auf kleine graue Bewohner des Labyrinths, die auf ihrem Rücken große Mengen alten Plunders mit sich tragen: alte Stühle, Vogelkäfige, Spielsachen und weitere, nicht mehr zu identifizierende Gegenstände. Einer dieser Bewohner, eine kleine graue Frau, nimmt Sarah mit in ihre Behausung hinter einem Vorhang, lockt sie gar mit ihrem eigenen Teddy dorthin, wo die erstaunte Sarah ihr eigenes Zimmer wiederfindet. Die Irritation Sarahs trifft auch den Zuschauer, der zwar das zu Beginn des Films bekannte Zimmer betritt, nun aber einen Bewohner des Labyrinths gleichsam mit hineingelangen sieht. Die Verführung, die nun stattfindet, ist nicht mehr der Traum eines irrealen Lebens, sondern die Möglichkeit, innerhalb der Wirklichkeit immer Kind bleiben zu können. Vor ihrem Spiegel platziert legt ihr die kleine Frau einen Gegenstand aus ihrem Zimmer auf die Arme, nennt ihn mit Namen und fragt danach, ob sie sich nicht erinnere an das, was dort vor ihr ausgebreitet wird und daran, wie sehr sie es einst geliebt hat, was darauf schließen lässt, dass sich nicht nur aktuelle, sich noch in ihrem Zimmer befindliche Gegenstände in Sarahs Armen wiederfinden, sondern auch all das, was sie jemals besessen hatte – und was schließlich entsorgt auf der Halde am Rand der Koboldstadt ein Ende fand. Erneut ist das Ziel der Verführung, dass die junge Frau sich in eine der ihren verwandeln soll: gebeugt, grau und unter der Last ihrer Erinnerungen nahezu zusammenbrechend. Ein kinematografisches Objekt, ein Gegenstand im Müllberg der Frau macht deutlich, worum es geht: eine Blechtrommel. Die intertextuelle Referenz auf Oskar Matzerath in der Günter-Grass-Verfilmung von Volker Schlöndorff[34] erinnert an einen renitenten und ohnehin schon kleingewachsenen Jungen, der das Wachsen inner- wie äußerlich schlicht eingestellt hat und sich so den Anforderungen des Lebens und der Welt verweigert. Die Kindheit als materielles Gut im Nacken, als Berg, der stetig mitgetragen, gar geschleppt werden muss, wäre die Konsequenz einer Verführung, die sich rasch als Horror erweist. Nur folgerichtig, dass durch Sarahs Ablehnung auch ihr Zimmer, und wenn es sich auch nur als Kopie herausstellt, zusammenbricht und dem hereinrückenden Plunder Platz machen muss (vgl. Abb. 36). Wie schon auf dem Ball beendet auch hier die Erinnerung an ihren Bruder ein mögliches Nachgeben, im ersten Fall durch den Blick auf eine Uhr, im zweiten durch den Blick in das rote Buch mit der Aufschrift *The Labyrinth*.[35]

Die dritte Verführung, die verhindern soll, den Weg zu ihrem Bruder zu Ende zu gehen, findet sich im Schloss selbst und in der finalen Konfrontation mit Jareth, die, für die Fantasy unüblich, nicht in einem Kampf mündet, sondern wieder in einer Entscheidung und Haltung Sarahs dem letzten Angebot gegenüber, in dem sich erneut, wie bereits beschrieben, die räumlichen Grenzen auflösen, das *Upside-Down* inszenatorisch ausgeformt wird. Diese Auflösung wird begleitet vom Gesang Jareths bzw. Bowies, der sich nun, endlich, als ein Gesang nur für sie entpuppt. Anders als zu Beginn des Films ist Jareth jetzt in Weiß gekleidet, ahmt mit dem Pelz seines Mantels das Hermelin eines Königs nach und verweist damit zugleich schon auf seine tierische Natur, die der Schneeeule, in der er dem Zuschauer bereits in den Credits vorgestellt wurde. Ein letztes Mal wird die Ambivalenz zwischen den Welten aufgezogen, wenn der Titel des Liedes nicht nur *Within you* lautet, sondern auch auf die Textzeile

---

34 Die Blechtrommel (BRD / F 1979, Volker Schlöndorff).
35 Die Erkenntnis, dass es sich bei diesen Spielsachen am Ende nur um Plunder („junk") handelt, sowie das demonstrative Wegwerfen der Spieluhr setzen die Zerstörung des (alternativen) Zimmers in Gang.

Abb. 36: Die Halde am Rand der Koboldstadt und das Zurücklassen der eigenen Kindheit.

„I, I can't live within you" endet – wenn also Jareth oder vielmehr die auf ihn gerichtete Begierde in Sarah überwunden werden muss. Jareth fungiert so als dritte, für einen Moment Wirklichkeit gewordene Wunschmaschine, als pubertäre Verwirrung, die sich nicht nur nicht für eine geschlechtliche Eindeutigkeit entscheiden kann oder will, sondern zudem statt Beständigkeit die Höhen und Tiefen (*ups and downs*) schlechter romantischer Liebe für sich beanspruchen möchte;[36] denn, so Jareth (und/oder Sarah in ihrer projizierten Wunscherfüllung) weiter: „I ask for so little. [...] Just fear me, love me, do as I say and I will be your slave."[37] Die Ablehnung dieses Angebots einer vergifteten Liebe findet ihre Entsprechung im Beginn des Films, in dem Text, den sie sich nicht, stärker noch: *nie* merken kann und nun doch endlich zu diesen Worten und ihrer Bedeutung findet.[38] Worte, die so letztlich dazu führen, dass Jareth bildlich unter den Stoffen seines Gewandes wieder in sich zusammensackt, wie er auch zu Beginn im Schlafzimmer von Sarahs Eltern als Schatten aus dem Boden herausgewachsen ist: „You have no power over me!" adressiert zwar den Entführer ihres

---

[36] An dieser Stelle beginnt das Bild unscharf zu werden, die Umrisse von Sarah und Jareth beginnen zu verschwimmen.
[37] LABYRINTH, TC: 01:32:10 ff.
[38] Allerdings muss Sarah um die Worte kämpfen und sich stark an sie erinnern.

Bruders, kann aber in diesem Moment ebenso auf sich selbst zurückverweisen, auf die Wünsche, die ein falsches Verständnis von Kindheit und den Rückgriff auf diese umschreiben – und auf Träume, die Sarah hinter sich lässt.

So präsentiert es auch die letzte Szene des Films, die schnell als eine Art der Revueszene missverstanden werden kann, als ein Auffahren aller Figuren und Attraktionen des Films, die in Sarahs Zimmer ihren Platz finden. Nun haben die Wesen der Anderswelt, im Kontrast zum Beginn des Films, tatsächlich ihren Platz im Spiegel, werden dort verortet und von Sarah noch einmal gesehen, den Tränen nah, die finale Trennung vor Augen. Das Versprechen von Ludo, Didymus und Hoggle, dass sie da sein werden, wenn sie sie braucht, führt zu dem Eingeständnis Sarahs, dass dies bereits der Fall ist, was sodann die Grenzen zwischen beiden Welten, die der Zuschauer bis kurz vor dem Blick in den Spiegel als wieder hergestellt und verlässlich erachtet hatte, erneut fragil und permeabel werden lässt (vgl. Abb. 37). Vielmehr aber geht es um eine Fähigkeit, die Sarah erlernt hat, nicht die eine Welt gegen eine andere ein- wie auszutauschen und sie als Zeichen einer regressiven Infantilität hinter sich zu lassen, sondern zu erlernen, wann der Zugriff auf das in der Kindheit als wichtig Erachtete das eigene Leben voller und das Empfinden tiefer werden lassen kann, wohlwissend, dass es Aspekte dieses Lebensabschnittes gibt, die aus guten Gründen nicht wiederhergestellt werden können und verloren bleiben müssen – um sich dann bittersüß an diese zu erinnern.

Abb. 37: Das Beste beider Welten.

6 Hoffnung

Frühling: LEGEND

Verbunden im Gedanken der Eukatastrophe bilden Melancholie und Hoffnung eine Kippfigur, die das eine nicht ohne das andere denken kann. Der Erkenntnis über das Verlorene steht die Antizipation des Gewonnenen anbei, das in den Welten der Fantasy stets nur temporär sein kann, eben weil nichts endet (um erneut den Zauberer Schmendrick zu zitieren). In Ridley Scotts LEGEND,[1] mit LABYRINTH bereits der zweite veritable finanzielle Misserfolg des Genres,[2] knüpft sich dieser Wandel an die Transformationen der Jahreszeiten, an das Gegeneinander von Licht und Dunkelheit, von Erblühen und Sterben. Der Wechsel der Jahreszeiten an sich dient in der Fantasy oftmals, und an diesem Punkt unterscheidet sie sich nicht maßgeblich von anderen Genres, als eine Form der ineinander verschränkten Inszenierung von Zeit und Raum; jener Zeit, die es benötigt, einen spezifischen Raum zu durchqueren, um von einem Ort zu einem anderen zu gelangen, sodass die Spezifika der Jahreszeiten mit dem Wechsel durchschrittener Ökosysteme eins werden. Ein stets mühsam eroberter Raum, der sich möglichst vom Startpunkt jener Reise als eine charakteristische Differenz abzusetzen hat, die nicht nur qua Wetter anzeigt, dass die Reisenden nicht mehr zu Hause, sondern nun in der Fremde zu verorten sind. Die Standardszene, allgemein erst durch Peter Jacksons THE LORD OF THE RINGS bekannt geworden, findet sich bereits in WILLOW: die Gruppe Reisender, die es in kurzen Szenen in der durchwanderten Natur beinah im Bildausschnitt erst zu finden gilt, die sich vom Rand des Bildes in die Mitte des Nächsten und wieder an den Rand bewegen, um durch Montage und Landschaft eine Ahnung von Zeit(lichkeit) entstehen zu lassen.

Der Wechsel der Jahreszeiten steht auch – erneut nicht exklusiv, aber in besonderer Bedeutung – für eine Wiederholung des Motivs vom Aufstieg, Höhepunkt, Niedergang und Tod des Lebens, für ein zyklisches Verständnis von Geschichte, dessen Zusammengehen mit der Fantasy bereits unter dem Stichwort der *Dekadenz* aufgezeigt wurde. Nicht selten setzen die Filme des Genres auf den

---

[1] Für die Analyse des Films wurde der Director's Cut des Films, der erst 2002 zugänglich wurde, außenvorgelassen, da es dem Essay um die in den 1980er Jahren zirkulierenden audiovisuellen Inszenierungen geht. Durch erweiterte wie ergänzte Szenen der alternativen Schnittfassung werden die einzelnen Befunde lediglich im Kleinen verändert, so etwa die durch die Figuren angesprochene schicksalhafte Verbundenheit zwischen dem Helden des Films und dessen Antagonisten.

[2] Beide Filme konnten ihre Produktionskosten an der Kinokasse nicht einspielen.

∂ Open Access. © 2022 bei den Autorinnen und Autoren, publiziert von De Gruyter. (cc) BY-NC-ND Dieses Werk ist lizenziert unter der Creative Commons Namensnennung - Nicht-kommerziell - Keine Bearbeitung 4.0 International Lizenz.
https://doi.org/10.1515/9783110990799-006

Herbst und Winter oder das, was der Zuschauer darunter verstehen würde, um den Niedergang des einen, das Durchschreiten des Dunklen, mit dem Licht des Neuen (des Frühlings) in Verbindung zu bringen. Die Jahreszeiten selbst unterliegen in der Fantasy weniger einer inszenatorischen Verfremdung, sondern lassen sich rasch als das erkennen, was sie auch außerhalb des Kinosaales sind; welkende Blätter markieren gleichfalls den Verfall der Natur, die knospende Blüte ihre Wiedergeburt. Und doch verstärkt der Zyklus des Fantasyfilms den Bedeutungshorizont, der den Jahreszeiten von jeher inhärent ist, in besonderer Weise.

Der Wald des letzten Einhorns in THE LAST UNICORN ist so ein Wald des immerwährenden Frühlings, hingegen die Herrschaft des Bösen in Ridley Scotts LEGEND mit einem ewigen Winter gleichgesetzt wird. Dieser wird im Verlauf des Films von Prinzessin Lily verursacht, die eigentlich das werden soll, was sie laut Anrede und Titel schon ist: eine Prinzessin. Sie als eigentliche Protagonistin des Films führt durch ein fatales Missverständnis den Wunsch des *Herrn der Finsternis*[3] nach ewiger Dunkelheit auf Erden zu einem vorläufigen Sieg. Ähnlich wie andere Protagonistinnen und Protagonisten des Zyklus erscheint auch Lily zu Beginn des Films als unsympathische Figur. Sie schleicht sich in das Haus der Bauern, spielt der Bäuerin mit der frisch gewaschenen Wäsche einen Streich und isst heimlich Kekse von ihrem Tisch. Später bringt sie den Waldläufer Jack mit einem neckischen Spiel, bei dem er, um sie zu heiraten, ihren Ring zurückbringen muss, in ernsthafte Gefahr. Erst durch den Dialog mit der Bauersfrau aber wird das Außen der Figur, d. h. das Schloss und das Leben am Hof, charakterisiert, wenngleich auch nur marginal. Lily vermisst die Magie, etwas, was eben dort im Haus der Bauernfamilie zu finden sei, vielleicht weniger in einem Anflug von Sozialromantik als auf die Nähe des Hauses zum Wald bezogen. So inszeniert der Film Lilys Entwicklung zu einer verantwortungsbewussten Frau, die, ähnlich wie Sarah in LABYRINTH die Rolle der Beschützerin für ihren kleinen Bruder übernimmt und lernt, die Konsequenzen für ihre Neugier und das Nachgeben selbiger zu tragen. *Becoming Princess* meint somit nicht das Finden eines Prinzen, wie es der mütterliche Rat der Bäuerin nahelegt, sondern das Einstehen für das eigene Handeln, vor allen wenn sich seine Folgen als katastrophal erweisen.

Erneut sind es Einhörner, die die Welt davor bewahren, in ein Extrem zu kippen, das allem Leben feindlich gesinnt ist. Bewahrt das *letzte* Einhorn im gleichnamigen Film die Spaltung zwischen der Welt des Magisch-Fantastischen und der der Menschen davor, sich vollends für die eine (rationale) Welt zu ent-

---

3 Im Film selbst wird im englischsprachigen Original der *Lord of Darkness* auch mit der Personifizierung der Dunkelheit angesprochen und *Darkness* so zu (s)einem Eigennamen.

scheiden, so halten die Einhörner in LEGEND das Licht und die Wärme und damit auch das Leben und den Frühling in ihr. Und ähnlich wie in THE LAST UNICORN reicht in LEGEND ihre bloße Existenz, um die Schöpfung im Gleichgewicht zu halten, der magische Einsatz ihres Hornes ist den beiden Einhörnern, anders als dem Letzten, versagt; durch das brutale Abtrennen des Horns, hier das des Hengstes, geht die Macht auf jene über, die es nun besitzen. Der Entwurf der Welt, die die Einhörner schützen, ist derweil eigentümlich inszeniert, kollidieren in dieser schließlich immer wieder Aspekte radikaler Künstlichkeit, nicht selten die Grenze zum Exzess und Kitsch überschreitend, mit Ideen von Natur und Märchenhaftigkeit der die Figuren umgebenden Umwelt. Schon der Beginn des Films wirkt eher wie das Aufziehen eines Vorhangs und dem Eröffnen einer Bühne in Form von Blättern und Geäst als einer filmischen Idee von Wald, wenn aus der Sicht der Kamera der Blick in ein dunkles Dickicht freigegeben wird. Und eben dieser Wald ist es auch, der im gesamten Film kein Außen kennt – getreu dem Titel der Science-Fiction-Novelle *The Word for World is Forest*.[4] So zeigt der Film eine Prinzessin ohne Burg, einen Helden ohne Herkunft und eine Bauernfamilie als Untertanen, die für den Film immer schon Teil des Waldes ist und somit nur einen Wegpunkt auf einem Pfad markiert, der stetig tiefer in das Dickicht hineinführt; hin bis an seine Außenbereiche, der Peripherie, an der die Burg des Herrn der Finsternis zu finden ist, die aus einem riesigen toten Baum und steinernen, verbauten Blöcken zusammengesetzt scheint, die aber weniger als Teil des Waldes als vielmehr sein unterirdischer Gegenpart gedacht werden muss: als Ende des Waldes oder gar als das Ende dieser Welt.

Eben dieser Aspekt, das Sich-Vertiefen der Figuren in die Welt des Waldes, wird begleitet von einer Inszenierung, die den Wechsel der Welten, der Sphäre der Menschen und der der Naturgeister, erneut nicht als Übergang markiert, den es zu passieren gilt, sondern mittels dessen, was inszenatorisch und somit bildlich in der Luft liegt. Schon in den ersten Minuten des Films bleibt die einzelne Szene, das einzelne Bild des Ortes nicht ruhig, liegt ein leichter und doch stetiger Wind über den Geschehnissen, der hin und wieder zunehmend nicht nur für das Rauschen der Blätter in den Kronen und Ästen der Bäume wie das Wehen der Wäsche auf den Leinen vor dem Haus der Bauern sorgt, sondern auch die Bewegung der Luft selbst sichtbar macht. Zunächst durch das Anfüllen eben dieser Luft mit Pollen und rosa Blättern, die später zu Regen und Schnee und dann zu Glitter und Seifenblasen werden (vgl. Abb. 38).[5] Erst der

---

4 Ursula K. Le Guins *The Word for World is Forest* erschien 1972/1976. Ein inhaltlicher Bezug zwischen Film und Novelle hingegen ist nicht gegeben.
5 Die hermetische Abgeschlossenheit des Waldes respektive des Handlungsortes sowie die Bewegung der Luft durch Pollen, Blätter, Schnee und Glitter erinnern durchaus an eine Schnee-

Weg an die Ränder des Waldes, an die Ränder der Welt, beendet diese Vermittlung von beseelter Luft, lässt sie verschwinden und zwingt so das Moment stetiger Bewegung vor und auf den Figuren zum Stillstand. Diese Bewegung, der stetige Wandel der Natur (und damit der Welt), findet eine Entsprechung am und im Boden des Waldes, der bis in die Burg des Herrn der Finsternis mit Leichen und Skeletten angefüllt ist, mit toten Objekten, die sich dem Wald nicht entziehen konnten. Sie sind Zeichen eines Endpunktes jeder Bewegung und des Todes, der nur mittels unnatürlicher Magie gebrochen werden kann.[6] Der konsequente letzte Schritt, der Stillstand der vorher permanenten Aktivität der Welt, folgt hierbei einer innerdiegetischen Logik, dem Plan des Herrn der Finsternis, der diese Welt durch den Mord an den Einhörnern nicht nur in Dunkelheit tauchen, sondern stillstellen will. Und erst in diesem Stillstellen scheint der Frevel des Bösen auf, welches vor den Beginn der Welt zurück möchte, indem die Trennungen der Schöpfung, die überhaupt erst zum Leben geführt haben, umgedreht und obsolet werden. Die Welt, die vor der Vollendung dieses Planes noch da ist, steht somit in ihrer Inszenierung still, friert ein und die Menschen mit ihr. Die Uhr im Haus der Bauernfamilie, die zum Schlag der vollen Stunde den Menschen vor einem hinter ihm hereilenden Tod in Gestalt eines Sensenmannes stets gewinnen ließ, da er qua Konstrukt der Uhr den vorauseilenden Menschen nicht einholen konnte, hat insofern das Rennen für den Tod entschieden, als dieser noch vor den kleinen Türen der Uhr zu sehen ist, als die Welt stoppt.

Dieses Einfrieren, das keine zeitliche Dauer und daher auch kein Sterben mehr kennt, sondern nur noch die immerwährende Präsenz des Totseins inszeniert, bedeutet für die innerdiegetische Welt noch etwas anderes, nämlich die Zerschlagung der einen vormals geeinten Welt, in der Mensch und Magie gemeinsam einen Platz fanden – zumindest innerhalb des Waldes. Das gängige Motiv des Zyklus erneut aufgreifend werden diese beiden Welten durch die Tötung des ersten Einhorns auseinandergerissen, die einen (Menschen) dem Tod übergeben und die anderen (die magischen Wesen) der Dunkelheit überlassen. Der Film lässt die Zuschauer im Unklaren darüber, zu welcher dieser Seiten Jack gehört. In seinem Auftreten erinnert er durch eine gewisse Leichtfüßigkeit

---

kugel. Tatsächlich nutzt eines der Kinoplakate des Films den Herrn der Finsternis als Hauptmotiv, der durch eine Glaskugel auf Lily und Jack schaut, ohne dass der Film eine entsprechende Szene vorzuweisen hat. Hensons LABYRINTH arbeitet in seinen Paratexten mit einer ähnlichen Abbildung, der Glaskugel in der Hand des Koboldkönigs, die den Blick auf Sarah freigibt, diese findet wiederum eine Entsprechung im Film.
6 Ähnlich wie der Gehörnte König durch die Macht des Kessels in THE BLACK CAULDRON kann auch der Herr der Finsternis Leichen animieren und das Vergangene so zurückholen.

Abb. 38: LEGEND: Die Welt als Schneekugel.

und wilde Jugendlichkeit nicht nur an Inszenierungen der J. M. Barrie-Figur *Peter Pan*, sondern auch an einen Waldläufer, der der Prinzessin den Wald erklären will, auf seine Ge- und Verbote hinweisen muss und ihr die Sprache der Tiere beizubringen plant. Doch als sich später die magischen Waldbewohner, vertreten durch Honeythorn Gump und seinen Hofstaat, offen zeigen, um eine Erklärung für das plötzliche Einbrechen des Winters zu fordern, weiß Jack zunächst nicht, wer sie sind, und dies trotz seines Status als *forest child*, wie er von Gump genannt wird; der Weg führt somit auch den waldkundigen Jack noch tiefer in den Wald hinein, in sein Innerstes und schließlich wieder hinaus an seine Peripherie, die jedoch nicht in die Welt der Menschen führt, sondern in die Dunkelheit.

Ähnlich wie LABYRINTH inszeniert auch LEGEND ein explizites Begehren, Sehnsucht und (sexuelle) Anziehungskraft, in durchaus ambivalenter Weise. In der Dar- und Vorstellung des Antagonisten folgt LEGEND den Inszenierungstechniken des Horrorfilms, dem langsamen Sichtbarmachen einer tödlichen Bedrohung, wie es unter anderem auch DRAGONSLAYER in Bezug auf den Drachen tut. Gerade aber diese langsame Form der Sichtbarmachung des Herrn der Finsternis beinhaltet, ähnlich wie das erste Auftreten des Goblin King in LABYRINTH, ein Moment der Irritation und des Nicht-Stimmigen. Der Herr der Finsternis wird im Film, analog zu seinem Vater,[7] zuerst als Stimme inszeniert, als Instanz einer akusmatischen Bedrohung, die wie die Stimme Gottes über den Gescheh-

---

7 Im Director's Cut des Films gibt es eine Szene, in der man ein Gesicht mit grünen Augen an der Wand sieht, welches eine Inszenierung des Vaters sein könnte. Wie es sich jedoch in Handlung, Narrativ und Gestaltung des Films eingliedert, bleibt völlig offen.

nissen schwebt. Ein erstes Auftauchen zeugt (auch hier) von feudaler Herrschaft und Dekadenz, den Zuschreibungen der Skekse im DARK CRYSTAL nicht unähnlich. Sein herrschaftlicher Stuhl steht vor einem knisternden Feuer am Kamin, auf dem Tisch liegt Essen, welches langsam in den Zustand der Verwesung überzugehen scheint, mehrere (halb-)volle Gläser stehen, mehr Arrangement denn Gaumenfreude, auf dem Tisch. Und erneut greift diese Vorstellung auf eine Gebieter-Diener-Inszenierung zurück, die durch die Mechanismen der Unter- und Aufsicht funktioniert, als der Herr der Finsternis die Befehle an seinen Lakaien weitergibt. Der Gegenschuss auf den Gebieter bleibt aber in diesem Falle zunächst aus, zu sehen ist nur die Rückenlehne des Stuhls, die seine Gestalt vollständig verbirgt. Die Nahaufnahme zeigt nur seinen Finger und den spitzen Nagel desselben, mit dem er auf seinen Untergebenen zeigt; eine Geste, die jederzeit vom Zeigen zum Durchbohren wechseln könnte. Ein späteres Auftreten des Herrn der Finsternis außerhalb seines Schlosses, am Feuer seiner erfolgreichen und um die Macht des Einhorns, d. h. seines brutal entfernten Hornes buhlenden Helfer, verstärkt die Ungreifbarkeit sowie, in der Retrospektive nach seiner Enthüllung, die Unstimmigkeit – ungreifbar, da er in Stoffe und Kapuze gehüllt ist, die selbst über ein Eigenleben verfügen; unstimmig, weil das, was später als sein Körper in Erscheinung treten wird, weder hinter dem Stuhl vor dem Kamin noch unter den wehenden Stoffen seines Gewandes Platz hätte finden können.

Die Beziehung zwischen Lily und dem Herrn der Finsternis erscheint, so legt es der Film nah, als eine Verdopplung der Beziehung des Antagonisten zu den Einhörnern. Nimmt letztere Bezug auf den kosmisch-dichotomischen Zusammenhang (Licht gegen Finsternis), besetzen Lily und der Herr der Finsternis die Pole von Unschuld und Schuld. Mehrmals wiederholt der Film eine Nahaufnahme eines weit aufgerissenen Auges Lilys, halb versteckt hinter ihrem herabfallenden Haar, welche eine ähnliche Aufnahme des überlebenden Einhorns echot: Auch hier sieht der Zuschauer in der Nahaufnahme das weit aufgerissene Auge des Tieres, halb verdeckt hinter dem weißen Haar seiner Mähne (vgl. Abb. 39). Lily zu gewinnen, so die Stimme des Vaters zum Herrn der Finsternis, kann nur gelingen, wenn sie eine der ihren wird, die Seite des moralisch Guten also (freiwillig) hinter sich lässt.

Der eigentliche Auftritt des Herrn der Finsternis erfolgt dementsprechend erst, als Prinzessin Lily, im Bemühen, den einmal angerichteten Schaden wieder ins Positive zu wenden, selbst als seine Gefangene in die Burg gebracht wird und in den Räumlichkeiten seine Stimme vernimmt. Nachdem Lily bereits seinen ersten Verführungen erlegen ist, tritt der Herr der Finsternis durch einen Spiegel in den Raum (und damit erstmals vollständig in den Film), was den Schluss nahelegen könnte, dass die Prinzessin es ist, die seine letztliche Gestalt erst geformt

Abb. 39: Die Verbundenheit von Einhorn und Prinzessin.

hat.[8] Denn vor dem leiblichen Treffen zwischen Lily und ihm wird die Prinzessin ein zweites Mal in Versuchung gebracht, als der Herr des Schlosses sie nicht nur mit der Pracht seiner Burg respektive ihren Räumen beeindrucken will, sondern ihr zudem ein goldenes Collier und ein schwarz-glitzerndes Kleid anbietet. Erregt das Collier noch durch das Glitzern der es beherbergenden Truhe die Aufmerksamkeit der Protagonistin, so nähert sich das Kleid Lily in einer buchstäblichen Animation: Es tanzt vor ihr und lockt mit eigenen Bewegungen, um sie zu verführen. Auch hier wählt der Film keinen Moment der Transformationen; Lily gibt den Bewegungen des Kleides nach, tritt hinein in den Tanz, nur um so bereits nach einem Schnitt selbst das Kleid zu tragen. Es bleibt für den Zuschauer offen, ob das Kleid nun die Prinzessin führt, oder die Prinzessin das Kleid. Doch hat es nicht nur ihren Körper überzogen und damit in eine glitzernde Finsternis eingehüllt, sondern außerdem ihr Gesicht, ihre Haare und Haut verändert. Ihre Haare wirken nunmehr schwarz und sind dort zurecht gemacht, wo vorher durch die Strapazen der letzten Stunden Wildheit herrschte; ihre Haut wirkt nun blasser und blutleer, das Rosa ihrer Wangen ist verschwunden. So tanzt sie, gedankenverloren, sich dem Kleid, der Verführung oder auch ihren eigenen unbewussten

---

8 Anders als in LABYRINTH meint dies nicht, dass die Figur nur innerhalb der Gedanken Lilys existieren könnte, sondern sie lediglich für seine Gestalt, sein So-Sein verantwortlich ist. Deutlich fraglicher in ihrem Weltbezug wäre die Figur von Jack, die sich einer eindeutigen Zuordnung entzieht und im Film ursprungslos bleibt.

Wünschen hingebend bis zu einem im Saal stehenden Spiegel, wo ein Geräusch ihre (narzisstische) Selbstbewunderung in der Reflektion beendet. Der Herr der Finsternis tritt nun buchstäblich durch diesen Spiegel in den Handlungsraum des Films: Zuerst tauchen seine langen, krallenartigen Hände auf, eine nach der anderen, denen ein hufbewehrter Fuß folgt. Zuletzt gibt der Spiegel seinen gehörnten Kopf frei, sein Mund formt im Moment der Überschreitung der Spiegelgrenze einen mimischen Ausdruck der Erleichterung oder gar der Befreiung, die durchaus auf Lily zurückzuführen sein könnte (vgl. Abb. 40). Nun wird deutlich, dass diese Körperlichkeit nicht bei seinen ersten Auftritten im Film, versteckt durch den Stuhl am Kamin oder die wehenden Stoffe am Lagerfeuer, gegenwärtig war. Zwar wird bereits vor dem Erscheinen des Antagonisten in einem Dialog zwischen ihm und seinem ebenfalls unsichtbaren Vater auf seine mögliche Begierde nach der Prinzessin angespielt,[9] doch legt der Spiegel nahe, dass diese Begierde auch ein Teil Lilys sein könnte, die letztlich die Form des Herrn der Finsternis gewählt hat. Eine Erscheinung, die einen massiven Überschuss generiert und in der Figur ihr Zuviel ausstellt, nicht zuletzt erneut durch den Glitter, der den Raum nach dem Ein- und Auftritt des Antagonisten erfüllt.[10]

Dieser Überschuss findet sich zum einen in den kulturgeschichtlichen Aspekten der Figur; denn der Herr der Finsternis sieht schlicht aus wie ein Teufel,[11] wie man ihn sich im westlich-christlichen Kulturkreis vorzustellen vermag (auch darin steckt ein Grund für das Auswählen seiner Erscheinung). Zugleich aber wird der tierische Aspekt seines Körpers (und damit auch der tradierter Teufelsvorstellungen) deutlich verstärkt: Das Rot seiner Haut ist vielleicht eine Spur zu rot, die Größe seiner Hörner (und seines Kopfes) wirkt nahezu grotesk und dysfunktional. Auffallend sind nicht nur seine ans Tierreich erinnernden Ohren, sondern auch das Gelb[12] seiner geschlitzten Pupillen. Seine rote, muskulöse Brust liegt frei, eine offen gelegte Körperlichkeit, die nicht nur anziehend wirken soll, sondern zugleich auch ein gewisses Vertrauen (oder auch Überlegenheit) gegenüber Lily suggeriert, bleibt sein Oberkörper doch auf diese Weise schutzlos – und genau dort wird ihn später auch das Horn des Einhorns treffen. Der Dialog der beiden am reich gedeckten Tisch seiner Burg wirkt nun erneut höchst irritierend, ruft Erinnerungen an die Geschichte der *Schönen und des Biests* wach, welche

---

9 Im Dialog mit dem Vater gesteht der Herr der Finsternis, dass er nicht zum ersten Mal begehrt, sondern wieder, nach so langer Zeit.
10 Glitter begleitet auch das erste Auftreten Jareths in LABYRINTH.
11 Bereits die Tür zu seinem Raum evoziert durch ihre Wuchtigkeit und Verzierungen Ähnlichkeiten zu den Illustrationen zu Dante Alighieris *La divina commedia*.
12 Auch die Augenfarbe des Imperators in RETURN OF THE JEDI ist gelb, vgl. das Unterkapitel *Aufmarsch der Tyrannen* in diesem Essay.

Abb. 40: Der Eintritt des Herrn der Finsternis in den (filmischen) Raum.

unter anderem davon handelt, hinter die abstoßend hässliche Fassade des anderen sehen zu können, um sein Innerstes und damit verbunden seine eigentliche Schönheit und Liebenswürdigkeit offenzulegen. Diese Ausformung eines romantischen Gefühls bleibt im Film unerklärt wie unerklärlich, mindert für den Augenblick die Grausamkeit des Bösen, das als offen für die Möglichkeiten der Liebe dargestellt wird. Lily und Zuschauer sind so gleichermaßen erstaunt, dass der Herr der Finsternis nicht nur will, dass Lily mit ihm an seiner Tafel Platz nimmt, sondern ihr auch sein Herz, seine Seele und Liebe anbietet.

Nimmt man jedoch die Inszenierung des Filmes ernst, so wird der Herr der Finsternis schon vorher als in ein Geflecht von Beziehungen eingebunden inszeniert, das sich eben nicht in der Hierarchie zwischen ihm und seinen Handlangern erschöpft, sondern auf seine Position in der Schöpfung der Welt verweist und hierbei auf das Verhältnis zu seinem Vater abzielt. Dieser bleibt, wie bereits angedeutet, im Film akusmatische Stimme, findet nicht einmal in einer Metapher eine eigene Form der Inszenierung, sondern bleibt numinos. Die ortlose Stimme des Vaters mit dem (möglicherweise einzigen) Fenster der Burg, einer Öffnung, die auf einen Sternenhimmel blicken lässt, in Verbindung zu bringen, ist verlockend, geht aber nicht vollends auf. Dem Zuschauer wird nicht klar, ob es sich bei dem Blick aus dem Fenster um die Sicht in ein mögliches Draußen handelt oder um die Ewigkeit außerhalb der Finsternis. Die Form des Fensters erinnert hingegen an die einfache Silhouette eines Baumes und würde durchaus als das Ende des Waldes funktionieren, immerhin besteht auch die Burg des Antagonisten aus einem alten Baum, in dem die steinernen Blöcke einfach hineingeschlagen wirken. Während des Dialogs mit dem Vater schneidet die Kamera in die anderen, leeren Räume und Hallen der Burg. Und während sich der Zuschauer so bei dieser Stimme nach dem *Woher* fragt, fügt sich durch das Ende des Herrn der Finsternis die Frage nach dem *Wohin* hinzu.

Sein Ende selbst greift auf Bewährtes zurück, auf den Einbruch des Lichtes, das durch einen Trick in die Burg des Teufels hineingeleitet wird, auf das Verlöschen der Dunkelheit in der Helligkeit der Sonne, auf die Handlung Lilys, der Verführung zu entsagen und den entscheidenden Schwung der Waffe durch Jack.[13] Dieses Getroffen-Werden vom Licht inszeniert der Film auf eine eigensinnige Art. So wird der Herr der Finsternis, durchbohrt vom Horn des Einhorns (durch Jack) und, getroffen vom Licht der Sonne, in das Fenster gezogen, durch eine Kraft der Natur, deren Herkunft offenbleiben. Genau in jenem Moment wendet er sich wieder an seinen Vater und beschwört somit eine umgekehrte Kreuzpassion, die sich im Augenblick der tiefsten Verzweiflung und des bevorstehenden Todes an den Schöpfer wendet, ihn um Beistand und Schutz bittet. Die Antwort des Vaters bleibt (auch hier) aus, der Herr der Finsternis wird nach Jacks finalem Schlag mit seinem Schwert in das Fenster gezogen, was als eine motivische Verdrehung des Hybrissturzes als Ende der Antagonisten in die Vertikale erscheint. Der Zuschauer sieht dieses Ende nicht, sieht weder den Körper durch das Fenster gleiten noch im Sternenhimmel verschwinden;[14] vom Licht getroffen, ist die Dunkelheit einfach verschwunden. Es bleibt ein klarer Sternenhimmel zurück, als Rand des Waldes und der Welt – eine Welt, in die nach der Genesung der Einhörner erneut der Frühling zurückgekommen ist, die Hoffnung auf die alte Ordnung also erfüllt wurde.

---

13 Im Vertrauen Jacks auf Lily und ihre Entscheidung zum Guten spielt natürlich auch das Moment der Hoffnung hinein, die im Film jedoch nicht als durchgehender Aspekt inszeniert wird.

14 Auch hier wählt der Director's Cut einen anderen Weg, indem der Herr der Finsternis kurz vor seinem Verschwinden durch das Fenster zu einem Monolog ansetzt, der darauf abzielt, seine ewige Verbundenheit zu Jack zu betonen, da das Gute nicht ohne das Böse existieren könne. Hier wird gezeigt, wie sein Körper im Sternenhimmel verschwindet.

Die Geburt eines Kindes: WILLOW

Das erste Bild des Films ist ein schreiendes Kind.[15] Wie der Säugling tritt auch der Zuschauer durch eine Geburt in die Geschichte. Das Moment der Hoffnung ist in Ron Howards Film WILLOW buchstäblich Fleisch geworden, es wurde, um in der Diktion der Theologie zu bleiben, inkarniert. Ein Kind, welches die alten Prophezeiungen vorhergesagt haben und welches zugleich doppelt legitimiert wurde: durch seine Geburt und durch das von ihm getragene Zeichen, ein Muttermal, welches das kleine rothaarige Baby mit dem Namen Elora Dana als zukünftige Retterin der Welt vor dem Bösen kennzeichnen soll. Und dass diese Welt böse ist, verdeutlicht die Eröffnungsszene des Films in dramatischer Weise. Die Geburt findet in einem Kerker statt, zwischen feuchten Mauern und eisernen Gittern, in denen nur das auf der Erde verteilte Stroh ein wenig Wärme zu spenden vermag. Hinter den Streben der Zellengitter sind wimmernde Frauen zu sehen, die angespannt und verzweifelt auf die Mitteilung warten, ob sich der erste Teil der Voraussage mit der Ankunft des Kindes vollzogen hat. In dem Moment, als das Kind als jenes der Prophezeiung erkannt wird, folgt ein weiteres Schreien, diesmal das der Frauen, deren Hoffnung nunmehr zunichte gemacht scheint, da das Kind gefangen zur Welt gekommen ist. Der kleine Lichtstrahl, der durch die dicken Mauern der Burg in den Kerker fällt, wird personifiziert in der Gestalt einer Amme. Während die Wachen der Königin ihre Herrscherin herbeirufen, um den Befehl zur Tötung des Kindes entgegenzunehmen, fleht die Mutter die Amme an, ihr Kind in Sicherheit zu bringen. Diese stimmt zu, versteckt das Baby in einem Korb und schleicht an den Wachen und der herbeieilenden Königin vorbei, über den Hof der Burg und aus ihren Toren hinaus. Auf der Tonspur weht ihr just in dem Moment, als sie das freie Feld vor den Mauern der Festung betreten hat, ein eisiger Wind entgegen; ein Wind, der Elora gilt, nicht der sie rettenden Amme.

Die Kamera erlaubt dem Zuschauer die Flucht noch nicht, wechselt wieder in den Kerker, um der Radikalität dieser Welt und dem Zorn der getäuschten Königin beizuwohnen. Königin Bavmorda, die einzige Frau unter den Antagonisten des Zyklus, hat ein spitzes Gesicht und kalte helle Augen, ihre glatte und doch an manchen Stellen gleichzeitig faltige Haut geben ihr einen Ausdruck unnachgiebiger Strenge. Ihre Kutte wirkt wie die verzerrte Version eines Nonnengewandes, schwarze, ausladende Stoffe laufen in einem weißen Kopfteil zusammen, welches von einer eisernen Krone geschmückt wird, deren einzelne Teile wie Blitze wirken (vgl. Abb. 41). Die Königin sendet ihre Tochter aus, um

---

15 Freilich ist das schreiende Kind das erste Bild *nach* der obligatorischen Texttafel, die von der Prophezeiung berichtet, um dessen Erfüllung in WILLOW es im Folgenden gehen wird.

das Kind, dessen sie sich gerade noch so sicher wähnte, aufzuspüren. Noch ehe die Credits des Films die weitere Reise der Amme begleiten, lässt Bavmorda die zurückgebliebene Mutter töten, die hinter der Königin deren baldiges Ende herausschreit und von der Königin keines weiteren Blickes gewürdigt wird. Der Tötungsbefehl („Kill her!") entlässt die Zuschauer nun endlich aus dem unterirdischen Loch und bietet die Gelegenheit über die Credits hinweg zu verstehen, was da eigentlich in diesen wenigen Minuten des Films geschehen ist. Das dominante Prinzip der Szene ist eine umfassende Form von Mütterlichkeit, deren jeweiligen Modellierungen antagonistisch ausgespielt werden.[16] Der Kerker, den der Zuschauer mit den ersten Sekunden des Films betreten hat, dient nicht als Ort der Bestrafung der herrschenden Instanz, sondern der Geburtenkontrolle. Manifestiert sich in dem Kind die Hoffnung der Unterdrückten und Leidenden, verkörpert es für die Königin die Angst vor dem Verlust der eigenen Macht – das Nachrücken einer neuen Generation, die jenes beansprucht, was die Vorherige aufgebaut hat. Auch hier soll das erlösende Kind den politischen Umsturz herbeiführen. Die Kälte der Szene liegt aber nicht nur in der Vorstellung, dass eine Frau das Kind einer anderen töten will, sondern in der Prämisse, dass eine Mutter gegen eine andere handelt. Bavmorda ist selbst Mutter. Es ist ihre eigene Tochter, die den Kerker überwacht und sie über den Beginn der sich vollziehenden Prophezeiung informiert.

Abb. 41: WILLOW: Die Macht Königin Bavmordas.

---

16 Der Film inszeniert Mütterlichkeit über weite Strecken eben nicht als weibliche Biologie, sondern als soziales Konstrukt, wenn Willow die Rolle der Mutter für Elora Dana übernimmt.

WILLOW wählt durch diese Voraussetzung den Weg einer Veränderung, die an die Filme des Zyklus anschließt und sie doch in einem wichtigen Punkt weiterdenken will. Die Bedeutung der weiblichen Figuren, und die meisten von ihnen blieben innerhalb eines dichotomischen Geschlechterverhältnisses, die in THE LAST UNICORN bereits angelegt war und von LEGEND[17] fortgesetzt wurde, durchzieht den Film in bedeutender Weise. Im Gegeneinander der bösen Hexe Bavmorda gegen die gute Zauberin Fin Raziel,[18] im Verhältnis der Königin zu ihrer eigenen Tochter Sorsha wie auch in der immanenten Rolle Eloras vollzieht der Film mehr als nur den Wechsel eines Geschlechts anhand ansonsten gängiger Topoi. In diesem Punkt schließt WILLOW an eine Entwicklung an, die im US-amerikanischen Actionfilm der späten 1980er Jahre einen langsamen wie stetigen Wechsel in der Darstellung weiblicher Figuren ankündigte. In Form der Königin gesteht das Genre nun auch den Frauen zu, genauso grausam und herrschsüchtig zu sein wie zuvor die männlichen Protagonisten. Mehr noch aber zeigt sich in der Wandlung von Bavmordas Tochter Sorsha der Entwicklungsraum, welcher den Figuren zugestanden wird. Ihre Abkehr von der Mutter, den Wechsel auf die Seite der Rebellen gegen die Herrschaft der Königin, das Zulassen, von Madmartigan geküsst zu werden und am Ende des Films das erlösende Kind in ihren Händen zu halten und selbst (Zieh-)Mutter zu sein, spielt der Film weniger als eine weitere Geschichte der widerspenstigen Zähmung aus, sondern als ein Aspekt eigenständiger Handlungsmacht und souveräner Entscheidungen, derer sich Sorsha im Laufe des Films ermächtigt hat. Hier ähnelt sie einer Figur wie Ellen Ripley in James Camerons ALIENS, die auch nicht mehr wählen muss zwischen dem zärtlichen Zudecken ihrer (neuen) Ziehtochter Newt und dem Halten und Benutzen eines Gewehrs im Kampf gegen einen tödlichen Xenomorph.[19]

Sucht WILLOW im Anknüpfen an diese (vorsichtigen) Tendenzen der Emanzipation eine neue Art der Erzählung und Inszenierung, wiederholt der Film das Thema der sich gegen ihre Väter auflehnenden Söhne nun in der Variation der Loslösung der Töchter von ihren Müttern. Gerade das Verhältnis des Films zu den ihm vorangegangenen Filmen markiert ein gestaltendes Prinzip in WILLOW, denn der Film spielt seine Verweise auf die (Kultur-)Geschichte und den populären Mythenpool in einer fortwährenden Dichte aus. Dies wird bereits in der Anfangsszene deutlich: Wo Elora Dana in einem Stall zur Welt kommt, ver-

---

[17] Die Paratexte von LEGEND rücken die Rolle von Prinzessin Lily eher in den Hintergrund, als dass sie ihrer Handlungsmacht im Film gerecht werden.

[18] Die Begegnung der beiden Zauberinnen macht die manchmal simplen Zuschreibungen des Films deutlich: hier die in weiß gekleidete Zauberin, dort die in schwarz gewandete Hexe.

[19] Ein Beispiel einer Figur, die unter weiblichen, männlichen oder gar mütterlichen Aspekten analysiert werden kann.

weist dies auf die Jesuserzählungen des Lukasevangeliums des Neuen Testaments; wo es in einem Körbchen von seiner den Tod findenden Amme auf einem Fluss in Sicherheit gebracht werden soll, erinnert die Inszenierung an die Rettung Moses' im Alten Testament. Der Film wirkt so in einem eigenwilligen Sinne überladen, überblendet die eine Anspielung mit immer weiteren, neuen Aspekten, die oftmals leer wirken und in ihrem Anspielungsreichtum ohne Funktion bleiben: Die Amme ist nicht nur die Retterin des kleinen Moses (Elora), sondern zugleich auch die Figur des Rotkäppchens, welches sich mit rotem Kopftuch und gefülltem Weidenkorb aus dem Haus der Eltern (der Mutter) stiehlt. Diese Leerstelle betrifft in einem gewissen Grad auch den Aspekt der Hoffnung, der dem Film qua Genre zu eigen ist. In Bezug auf die Mütter ist daher erstaunlich, dass Eloras eigene Herkunft keine Rolle spielt, ein Äquivalent zur einer möglichen Gottesmutterschaft und ihr performatives Auserwähltsein ist im Film nicht von Interesse. Und dennoch bleibt der Film in einer theologischen Spur und gilt die Prophezeiung der möglichen Erlösung durch das Kind für alle, eben auch jene, die noch nie von dieser Geschichte gehört haben oder nicht einmal in die Kriege zwischen Bavmorda und den Rebellen involviert sind. Die Welten in WILLOW wirken gar so stark voneinander getrennt, dass die Ankunft des Babys im Dorf von Willow mit dem Einbruch gemeinschaftlicher Gute-Nacht-Geschichten gleichgesetzt werden kann. Denn wahrscheinlich, so erklärt es der Vater seinen staunenden Kindern, handelt es sich bei dem Kind um ein Daikini-Baby, „giants, that live far away". Generell ist der Film von einer besonderen Art des innerdiegetischen Rassismus durchzogen, der sich nicht nur durch das einfache Herabschauen der Menschen auf Willow (und damit der Nelwyns) beschränken lässt oder sich im Nutzen des herablassenden Wortes „peck" für die Nelwyns erschöpft, welches auch von den wesentlich kleineren Brownies genutzt wird. Der Film sucht daher am Ende auch keine Form der Gemeinschaftsbildung, die in einem vollzogenen Miteinander der Völker aufgehen würde. Diesbezüglich folgt die Erzählung stark dem Muster von *The Lord of the Rings*, in dem die Hobbits, gleichfalls kleine Wesen, die auf eine abenteuerliche Reise geschickt werden, zurecht die Frage stellen, was ihr Dorf denn die großen Konflikte der Welt angehen würde und auch sie schließlich am Ende des Abenteuers, zumindest im Film, wieder dorthin zurückkehren, um in Ruhe ihren Tabak zu rauchen.[20]

---

20 Die Überzeugung funktioniert in beiden Fällen gleich, dass nach dem Siegeszug des Feindes früher oder später auch das weitentfernte und am Konflikt eigentlich nicht beteiligte Dorf fallen wird.

In diesem Nebeneinander von Lokal und Global, Nah und Weit, von Klein und Groß geraten in WILLOW Mikro- und Makrokosmos in besonderer Weise zueinander, das mehr als das Gewahrwerden einer gemeinsam geteilten Welt meint – selbst wenn das Moment der Hoffnung als gemeinschaftsstiftender Aspekt par excellence gelten kann und diese gemeinsame Welt am Ende wieder in ihre Lokalität zurückfällt. Denn auch wenn mit der Hoffnung eine christliche Tugend zentral für dieses Kapitel ist, entzieht sich der Film trotz seiner zahlreichen religiösen Anspielungen einer innerweltlichen Theologie und macht damit zugleich am Ende des Zyklus einen interessanten Befund deutlich: Dort, wo die Filme sich dem Phantasma des Mittelalters und damit verbunden auch des Christentums entziehen, findet sich selten das Walten neuer Götter.[21] Vor diesem Hintergrund bildet bereits CONAN und sein Verhältnis zum Gott Crom eine deutliche Ausnahme, da dessen Wirken und Eingreifen in die Welt (des Films) nicht offensichtlich ist.[22] Das Jenseits, auf das die Filme vertrauen, ist wenn überhaupt ein topografisches Jenseits, *beyond the rim*, wo die hingehen, deren Zeit gekommen ist. Dies mag vielleicht offensichtlich sein, doch führt es zum Kern einer Poetik der Hoffnung in WILLOW, die wie so häufig im Endkampf zu finden ist, in dem alle Antagonisten und Dichotomien für einen kurzen Augenblick zusammenkommen: Gut gegen Böse, Jung gegen Alt[23] oder Tochter gegen Mutter.[24] Als Bavmorda das Ritual vollziehen will, um Elora zu vernichten, denn darum geht es und nicht nur um einen bloßen Mord, altert die Königin innerhalb weniger Minuten (vgl. Abb. 42). Wodurch dies zustande kommt, ob durch die schwarze Magie oder die Anstrengungen des Rituals, lässt der Film offen. Nach dem Scheitern Sorshas und Raziels gegen die Königin versucht Willow es mit einem Trick, den er bereits zu Beginn des Films auf einem Jahrmarkt seines Dorfes mit einem kleinen Ferkel durchgeführt hat, welches er verschwinden lassen wollte – dort ohne Erfolg. Dass es Willow ist, der den Sieg erringen wird und Elora außerdiegetisch so als eine Form des McGuffin des Films entlarvt, ist nebensächlich; wichtiger sind seine Worte in dieser Szene, dass er das Kind an einen Ort bringen wird, wo das Böse es nicht berühren kann. Bavmorda hat sich für einen Moment auf den angehenden Nelwyn-Zauberer eingelassen, ist in die Beziehung zwischen Magier

---

21 Trotz des Genres walten dort, wo keine Götter zu finden sind, nicht immer Gespenster.
22 Wie beschrieben, wirkt auch der christliche Gott nicht in die Handlung der Filme hinein. Auch der Vater des Herrn der Finsternis in LEGEND handelt trotz seiner Worte nicht.
23 In Bezug auf das Alter ist auffällig, dass Bavmorda unter ihrem Gewand in weiße Bandagen, wie die einer Mumie, eingehüllt ist. Ob dies nur Requisite für das Ritual ist, bleibt im Film offen.
24 Die Tochter scheitert letztlich an ihrer Mutter, wenngleich sie die Rebellion im Kern vollzogen hat.

und Publikum aufseiten der Zuschauer eingetreten, wenn sie ihm entgegnet, dass es einen solchen Ort nicht gebe. Und genau darin liegt der eigentliche Aspekt der Erlösung, denn Bavmorda hat Recht, diesen Ort gibt es nicht, zumindest nicht in einem geografischen Sinne – liegt das kleine Mädchen, von Willow dort platziert, doch auch immer noch eingehüllt in die ledernen Riemen des Rituals hinter einem zertrümmerten Steinhaufen in der Burg der Königin. Es geht an dieser Stelle um das Handeln, um die Absicht Willows, diesen Ort, an den das Böse nicht gelangen kann, performativ zu schaffen, durch sein Tätigwerden und seine Zugewandtheit. Doch weiß Bavmorda dies nicht. Ihr Erstaunen über die Möglichkeit, dass ein solcher Ort tatsächlich existieren könnte – immerhin ist Elora in ihren Augen nicht mehr in dem von ihr zu übersehenden Raum –, lässt sie unvorsichtig und durch einen falschen Schritt selbst Opfer ihres eigenen Rituals werden, ähnlich wie der Gehörnte König in THE BLACK CAULDRON. Bavmorda löst sich in roten Rauch auf – an welchen Ort sie gegangen ist, bleibt unklar.

Abb. 42: Der Preis für die Macht ist das Alter.

In der Kritik wurde der Film weniger auf das Können seines Regisseurs als auf den Autor der Story wie Executive Producer George Lucas hin rezipiert und bewertet. Tatsächlich wirkt der Film in der Phase der langsamen Marginalisierung des Genres wie eine Art Palimpsest, welches jedoch, so die Kritik weiter, die verschiedenen Einflüsse verfälscht („bastardised"), ohne dabei besonders originell zu sein („derivative").[25] Die mannigfaltigen audiovisuellen Bezüge zu STAR WARS, *The Lord of the Rings*[26] sowie zur Kultur- und Mythengeschichte sind so offensichtlich wie überbordend – und doch verfehlt ihr kritisches Ausstellen oder gar Abzählen filmhistorisch den Kern des Films. WILLOW steht aus zwei

---

25 Zitiert nach David Butler: *Fantasy Cinema. Impossible Worlds on Screen*, London 2009, S. 76.
26 Gemeint sind hiermit Buch und ggf. noch die Zeichentrickfilme der späten 1970er und 1980er Jahre.

Gründen am Ende des hier betrachteten Zeitraums, der die einzelnen Zyklen (den der Fantasy, des Slasher- wie *Coming-of-Age*-Films) langsam vom Kino wegführt und ihnen andere Orte, wie das Fernsehen oder den Videomarkt, zuweist. Die Standardszenen jener Filme, die seit den späten 1970er Jahren in die Kinos kamen, haben nun das geformt, was sich als US-amerikanischer Fantasyfilm der 1980er Jahre bezeichnen lässt. WILLOW bildet so eine Klammer, die an den Anfang des Zyklus zurückführt und gleichzeitig an seinem Ende steht, auch wenn der Film sich, in Differenz zu anderen Filmen des Genres in den Jahren zuvor, nicht als Flop an den Kinokassen erwiesen hat.[27]

Die Inszenierung in WILLOW wird zudem von einer Änderung in der Tricktechnik begleitet, die dem Film im Vergleich zu den vorherigen Arbeiten eine neuartige Sichtbarmachung erlaubt. Bezeichnenderweise betrifft dies beide Male den Aspekt der Transformation, den Wechsel einer Gestalt in eine (oder gar mehrere) andere. Als Willow den Auftrag erhält, die Zauberin Fin Raziel zu suchen, damit sie ihm im Kampf gegen Königin Bavmorda unterstützen kann, findet er auf einer in einem See befindlichen Insel lediglich ein Kusus[28] vor, welches behauptet, Fin Raziel zu sein. Tatsächlich wurde Raziel von Bavmorda in diese Gestalt verbannt, die es nun gilt, wiederum von Willow verändert zu werden. Bedienen sich seine ersten Versuche, Raziel ihre menschliche Gestalt wieder zu geben, noch recht herkömmlichen Tricktechniken wie der Stop-Motion, so findet die Verwandlung ihren Höhepunkt im Morphing von Raziel in verschiedene Tiere. Dieser computergenerierte Spezialeffekt „der Bildumwandlung, bei dem ein Gegenstand [...] stufenlos von einer Form in eine andere überführt wird",[29] wurde seit Ende der 1970er Jahre eingesetzt, aber erst Mitte bis Ende der 1980er Jahre einem breiteren Publikum vorgestellt. Abgeleitet vom Begriff der Metamorphose,[30] wird das Morphing in WILLOW an seine ursprüngliche Bedeutung zurückgeführt. Raziel, die Willow zunächst versehentlich und aufgrund mangelnder Macht in einen Raben und eine Ziege verwandelt hat, wird nacheinander zu einem Strauß, einem Pfau, einer Schildkröte und einem Tiger transformiert, ehe sie zu ihrer eigentlichen Gestalt zurückfindet (vgl. Abb. 43). Der visuelle Akt des Morphings wird auf der Tonebene durch eine Verschränkung der menschlichen Stimme Raziels mit spezifischen tierischen Lauten fortgesetzt – erst als Mensch bleibt sie für einen Moment der Erschöpfung stumm.

---

27 Dennoch hatte man sich von WILLOW, gerade durch die Beteiligung Lucas', einen größeren Erfolg erhofft.
28 Das Kusus ist ein Beuteltier und mit dem Possum verwandt.
29 Ludger Kaczmarek: Morphing [Art.]. In: *Das Lexikon der Filmbegriffe*. Auf: https://filmlexikon.uni-kiel.de/doku.php/m:morphing-1770?s[]=morphing (Zugriff 01. August 2022).
30 Vgl. Kaczmarek: Morphing [Art.].

Diese Technik, die Ende der 1980er Jahre weiterhin im Bereich der Science-Fiction[31] Einsatz findet und so im Feld der Fantastik bleibt, führt nun die vormals nicht sichtbaren Verwandlungen im Genre, etwa Jareths Transformation in eine Schneeeule in LABYRINTH, in den Bereich des Möglichen. Interessanterweise ging der Szene des Morphens eine weitere Verwandlung voraus, die gleichfalls Anklang an den Techniken des Genres fand, hier des Horrorfilms. Die sichtbare und für den Zuschauer in ihrem Schmerz erfahrbare Verwandlung eines Wesens in ein anderes wurde 1981 eindrücklich in John Landis AN AMERICAN WEREWOLF IN LONDON[32] umgesetzt, dort noch weniger mit den Mitteln des Computers als vielmehr mithilfe von Maske und Tricktechnik. Kurz bevor Willow Raziel zurück in ihre menschliche Gestalt verwandeln kann, verzaubert Bavmorda die vor ihrer Burg lagernden Truppen, in Anklang an die Hexe Circe der *Odyssee*, in Schweine. Diese Transformation findet nun nicht mehr in den fließenden Übergängen des Morphens statt, sondern wird fragmentiert, zeigt immer nur ein Körperteil des jeweils unglücklichen Soldaten, den Bavmordas Fluch getroffen hat. Beide Verwandlungen stehen für einen Aspekt ausgereifter wie neuerer Special Effects, die aufzeigen, dass WILLOW etwas Neues ausprobiert, auch wenn weiterhin die Anlehnungen an die Filme des Zyklus seit 1977 narrativ wie audiovisuell offensichtlich bleiben.[33]

Wie beschrieben neigt sich dieser 1987/88 seinem vorläufigen Ende zu. Die langsamen Veränderungen in den Narrationen, die Verschiebungen in der Darstellung der Figuren wie auch der Einsatz neuer Technologie kündigen dies an. Mehr noch wird dies durch das plötzliche Auftauchen der Parodien des Genres deutlich, die oft dann einen Weg in die Kinos finden, wenn das ursprüngliche Genre an Attraktivität einbüßen muss. Wichtig ist hierbei, dass es sich diesbezüglich nicht um das Ende des Genres handelt oder um eine Ermüdung, sondern diese Parodien genuiner Teil des Genres und seiner Entwicklung zu einer spezifischen Zeit sind. So wie der Horrorfilm der 1950er und 1960er Jahre sich selbst parodierte, ehe Alfred Hitchcock und George A. Romero neue Monster schufen und auch der Italo-Western durch die Filme mit Bud Spencer und Terence Hill ergänzt wurde, so zeugen Filme wie THE PRINCESS BRIDE (1987) oder ERIK THE VI-

---

31 So kommt die Technik in THE ABYSS [ABYSS – ABGRUND DES TODES] (USA 1989) wie auch in TERMINATOR 2: JUDGMENT DAY [TERMINATOR 2: TAG DER ABRECHNUNG] (USA 1991) prominent zum Einsatz, beide nicht zufällig unter der Regie von James Cameron.
32 AN AMERICAN WEREWOLF IN LONDON [AMERICAN WEREWOLF] (UK / USA 1981, John Landis).
33 Zum Zusammenhang von Fantastik und Special Effect vgl. hierzu Yvonne Festl: Die Poetik von „Plüsch und Plastik". Zu THE NEVERENDING STORY. In: Matthias Grotkopp / Tobias Haupts / Michael Wedel (Hrsg.): *Aufhebungen. Filmische Poetiken des Romantisch-Fantastischen*, Heidelberg 2022 (im Erscheinen).

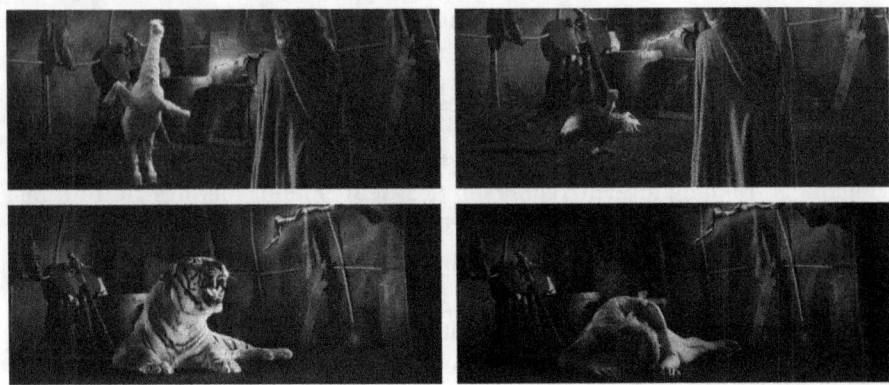

Abb. 43: Doppelte Zauberei: Zauberstab und Morphing.

KING (1989)³⁴ davon, dass nicht die Wiederholung erfolgsversprechend war, sondern die (überformte) Differenz. WILLOW indes mit dem Vorwurf zu konfrontieren, dass seine Anspielungen und Querverweise ihn zu einem schlechten Film machen würden, ist vonseiten der Kritik natürlich legitim, im Rahmen des Genres und seiner Geschichte aber schlicht redundant. Denn WILLOW erscheint 1988 als genau das, was die Produktion *sui generis* ist: ein Film, der sich auf andere Filme bezieht. Und als solcher markiert er eben genau jenes, was *wir* meinen, wenn wir im Hinblick auf die 1980er Jahre vom US-amerikanischer Fantasyfilm sprechen.

---

34 ERIK THE VIKING [ERIK, DER WIKINGER] (UK 1989, Terry Jones).

7 Ins Offene: Rückbesinnung

Ziel dieses Essays war es, mal polemisch und dann doch wieder in die analytische Tiefe des Details gehend, vorsichtig gegen den einen oder anderen Trend der Fantastikforschung Einwand zu erheben. Dies betrifft neben der simplen Verschaltung von Film und Geschichte vor allem den Einsatz einer Masterthese in Folge der Arbeiten Joseph Campbells, die den Eindruck erweckt, dass das Genre auf einer ahistorischen Ebene zu entschlüsseln wäre – und dies nahezu endgültig. Oftmals gehen solche Lesarten den Weg des geringsten Widerstandes, übersehen in der Analyse der Filme, dass die Reibungspunkte innerhalb ihrer Poetik nicht so aufgehen, wie es die applizierte Theorie zu versprechen scheint. Wichtig ist, dass diese Formen der kulturwissenschaftlichen Arbeit nicht als falsch gewertet werden sollen, sondern schlicht als nicht ausreichend, um dem Phänomen der (US-)Fantasy in den 1980er Jahren und darüber hinaus gerecht zu werden. Während somit auf der einen Seite manche Teile der Ausführungen einem großen *Dagegen* glichen, wollte der Essay auf der anderen Seite die Filme näher in ihrem poetologischen *Gemachtsein* verstehen, sich vielleicht dem Postulat Hermann Kappelhoffs und Matthias Grotkopps im Sinne einer neuen, über die Erkenntnisse des Neoformalismus hinausgehenden historischen Poetik annähern; ohne hierbei nun den Anspruch zu erheben, ihren Forderungen gerecht geworden zu sein. (Film-)Geschichte entfaltet sich hier somit in erster Linie durch die Analyse der Filme, die im Rahmen des Möglichen, eben bei ihnen, den Filmen, selbst bleibt. Griff die Analyse über die Filmgrenzen hinaus, so tat sie dies in Bezug auf die Einbettung der Filme in den Kontext des Kinos, der Gemeinschaft anderer Filme, die sich letztlich auflöst im Sinne einer Zirkulation audiovisueller Bilder, die eben spätestens seit den 1980er Jahren nicht mehr nur Kino heißt, sondern auch Fernsehen und Video. Offen bleiben somit die Anschlüsse, die im ersten Teil des Essays entstanden sind, weil alte Verbindungen argumentativ gekappt wurden. Der Bezug des Zyklus zum US-amerikanischen Filmsystem und den zeitgenössischen Genres scheint an Klarheit gewonnen zu haben im Sinne des Aufzeigens eines Verhandelns ähnlicher Themen über die Grenzen anderer Genres hinweg. Offen bleibt aber nun das zu vertiefende Verhältnis der Filme zur US-amerikanischen Geschichte selbst, wenn klar wird, dass die einfachen Muster als Erklärung nicht (mehr) funktionieren oder zumindest derart in Widerspruch zueinander geraten, dass ihre Argumente nicht mehr vollends überzeugen. Der analytische Blick sollte daher an Ronald Reagan vorbeiführen, ohne ihn und seine Politik gänzlich aus den Augen zu lassen, und er sollte sich mit bloßen Labeln (hier das des *Konservativen*) nicht zufriedengeben, da mit derartigen Etiketten (der Filmkritik) selten Erklärungen gefunden werden, die es erlauben, zirkuläre

Deutungen hinter sich zu lassen. Vielleicht erlaubt diese Vertiefung sodann auch eine stärkere Rückbindung der in den Filmen extrapolierten Leitmotive an (aktuelle) wissenschaftliche Diskurse: der Dekadenz, der Melancholie wie auch der Hoffnung – und natürlich auch des Christentums. Gerade das Christentum, das in den Filmen nach dem Verschwinden der Magie, des Wunders und Zaubers oftmals deren Platz einnahm, scheint nunmehr außerhalb der Filme ein ähnliches Schicksal zu ereilen. Welche Erklärungsmuster und Analysen mit dem Blick auf die Religion nach 1990 / 2000 zu finden wären, bedürfte eines anderen Herangehens, als es mit den Genrefilmen der 1980er Jahre möglich war. Diese Aspekte auszuformulieren und auf belastbarere Fundamente zu stellen, immer ausgehend vom Material, also den Filmen selbst, wären weitere lohnenswerte Schritte, um das Genre abseits pejorativer Zuschreibungen besser darzustellen. Nicht um diese Filme aufzuwerten oder einem wie auch immer gearteten Faible nachzugehen, sondern um ein Medienphänomen zu verstehen: dass nämlich diese Filme heute im Hinblick auf die Durchdringung des (alltäglichen) Lebens mit populärer Kultur wichtig erscheinen – wichtiger, als es zum Zeitpunkt ihrer Premieren der Fall war. Gerade dann, wenn diese Filme Erinnerungen an die eigene Kindheit (das mystische *Früher*) wecken, die in ihnen immer schon selbst thematisiert wird, und Strategien an die Hand gaben (und geben), die aufzeigen, dass das Erinnern nicht *schlimm* sein muss.

Denn ebendiese Kinder sind erwachsen geworden. Ein wenig wehmütig schauen sie zurück auf das, was einst diese (ihre) Kindheit ausgemacht hat. Geprägt wurde sie nicht nur, im besten Fall, von Augenblicken gelungener zwischenmenschlicher Gemeinschaft, von Familie und Freunden, von Kindergarten und Schule, sondern auch von den Filmen und Serien, den Medien, die konsumiert wurden und so die eigene Medienbiografie formten. Oft kam es über die Jahre zu einem Akt der Verklärung, der Heiligsprechung, die nichts auf das kommen ließ, was zuerst da war, und manchmal sogar den prüfenden Blick zurück verweigerte, in der Befürchtung, die heutige Sicht auf einen einst geliebten Film könnte diese Erinnerung zunichtemachen. Gelegentlich gingen diese Erinnerungen gar in die Konfrontationen: Die Grabenkämpfe der Fans der ersten und der zweiten STAR-WARS-Trilogie wurden nur übertroffen, sodann unter der Ägide der (un-)sozialen Medien, als eine dritte Trilogie die Freunde der ersten beiden herausforderte.[1] Manche der damaligen Filme wiederum sind bereits für die Lein-

---

[1] Bei der Neuinterpretation der Serie MASTERS OF THE UNIVERSE [MASTERS OF THE UNIVERSE: REVELATION] (USA 2021) des Regisseurs Kevin Smith für den US-amerikanischen Streaming-Anbieter *Netflix* ließen sich ähnliche, zuweilen (erneut) hart an der Grenze des Zumutbaren geführte Diskussionen verfolgen.

wand erneuert worden: CLASH OF THE TITANS und CONAN erhielten 2010 / 2011, inmitten eines neuen Zyklus der Fantasy, ein Remake;[2] manchen wird eine neue Serie innerhalb des digitalen Kosmos der Streaming-Anbieter zuteil, so etwa THE DARK CRYSTAL (2019) und WILLOW (2022). Anderen Filmen, etwa THE LAST UNICORN, wurden schon seit Jahren neue Verfilmungen versprochen. Doch wie auch der Blick in die Geschichte, so sind auch diese neuen Interpretationen nur noch lose mit den 1980er Jahren verbunden, sagen sie mehr über die Zeit aus, in denen sie nun entstanden oder im Entstehen begriffen sind, als über ihre möglichen thematischen wie ursprünglichen Verankerungen Jahrzehnte vorher – und dennoch ist dieses Neue vom Vergangenen nicht zu trennen.[3]

Das Genre folgt, sehr zum Leidwesen der Kritik, keiner qualitativen Steigerungslogik, aber auch keinem Gesetz des qualitativen Verfalls. Und wie in Bezug auf *die* Geschichte lässt die Sicht zurück auf *alte* Filme oftmals besser verstehen, was ihnen gefolgt ist. Der Sinnhorizont des analytischen Blicks denkt das Vergangene stets mit. Dem hier beschriebenen Zyklus folgten, was die Fantasy betrifft, mindestens zwei weitere erneut maßgeblich US-amerikanisch geprägte Zyklen (1999–2005; 2010 ff),[4] die sich intensiv auf die Filme der 1980er Jahre beziehen.[5] Nach deren historischer Poetik unter den Vorzeichen der sich stark gewandelten Medien wäre ebenso zu fragen wie nach den neu entstandenen filmhistorischen Kontexten, wenngleich auch der Abstand zu ihnen im Moment noch geringer ausfällt als zu den 80er Jahren des 20. Jahrhunderts. Natürlich ist das Genre zwischen den Zyklen nicht einfach verschwunden; vielmehr artikulieren sich dort,

---

2 CLASH OF THE TITANS [KAMPF DER TITANEN] (USA 2010, Louis Leterrier); CONAN (USA 2011, Marcus Nispel).
3 Vielleicht wären diese verschiedenen Zyklen gar unter dem Aspekt des Premake und Remake zu verstehen. Vgl. dazu Katrin Oltmann: *Remake | Premake. Hollywoods romantische Komödien und ihre Gender-Diskurse, 1930–1960*, Bielefeld 2008.
4 Während der Zyklus zwischen 1999 und 2005 maßgeblich von den großen Franchise-Produktionen beeinflusst wurde (STAR WARS und LORD OF THE RINGS), startete der darauffolgende Zyklus ab 2010 mit einem Angebot von Remakes klassischer Sagen- und Märchenstoffe. Gerade der Aufstieg des Genres in die erste Liga der Unterhaltungsindustrie erschwert es in den 2010er Jahren, diesen dritten Zyklus genau zu datieren, zumal auch die ihn in den 1980er Jahren begleitenden Genres, wie der Horrorfilm und der Teenfilm, nunmehr andere Entwicklungen genommen haben.
5 Der Blick des Essays ist durchaus Konstrukt und Resultat einer spezifischen Frage an die Filmgeschichte. Die Ausführungen können und sollten jederzeit hinterfragt werden.

erstmals in den Jahren nach 1987/88, die jeweils letzten Ausläufer des Alten, erprobt sich vorsichtig die Avantgarde des Neuen. Ein Blick auf dieses Dazwischen wäre lohnend für eine offene filmhistorische Forschung, die abseits des etablierten Kanons filmwissenschaftlicher Arbeiten neue Reibungsflächen zu entdecken bereit ist.[6] Doch das ist, um in der Diktion des Genres zu bleiben, eine andere Geschichte und soll ein andermal erzählt werden.

---

6 So wäre eine spannende Frage, was eigentlich, im Sinne einer Erkundung, nach 1987/88 im Genrefilm passiert ist, ehe sich die nächsten Zyklen formen konnten. Auch der internationale wie intermediale Blick ausgehend von diesem Zyklus wäre durchaus erkenntnisbringend.

Danksagung

Mein großer Dank gilt dem produktiven Umfeld der Kolleg-Forschungsgruppe *Cinepoetics – Poetologien audiovisueller Bilder*, bei der ich im Wintersemester 2021/22 als Fellow Gelegenheit hatte, diesen kleinen Band zu beenden und zu publizieren.

Für die Inspirationen, kritischen Rückfragen und spannenden Diskussionen danke ich den Teilnehmer*innen meines Kurses *US-Fantasy 1977–1987* des Sommersemesters 2021 am Seminar für Filmwissenschaft der Freien Universität Berlin. Persönlich danken möchte ich Hermann Kappelhoff und Michael Wedel, Christina Schmitt, Björn Hochschild, Maja Roth, Hermann Zemmrich sowie Eileen Rositzka (†) und Daniel Illger.

Und natürlich, für *all das und mehr*: Annika.

Literaturverzeichnis

Baer, Brian C.: *How He-Man Mastered the Universe. Toy to Television to the Big Screen*, Jefferson (NC) 2017.

Becker, Jens P.: Monster, Replikanten und die Suche nach dem Gral: Die Fantasy-Filme der 80er Jahre. In: Dieter Petzold (Hrsg.): *Fantasy in Film und Literatur*, Heidelberg 1996, S. 17–32.

Blanchet, Robert: Blockbuster und High Concept: Hollywoods Mainstreamkino nach 1975. In: Thomas Christen / ders. (Hrsg.): *Einführung in die Filmgeschichte*, Bd. 3: *New Hollywood bis Dogma 95*, Marburg ²2016, S. 395–411.

Blank, Richard: *Hollywood, Goodbye! Plädoyer für eine eigenständige Filmkunst*, Berlin 2015.

Butler, David: *Fantasy Cinema. Impossible Worlds on Screen*, London 2009.

Campbell, Joseph: *Der Heros in tausend Gestalten* [1949], Frankfurt am Main 1953.

Cavell, Stanley: *The World Viewed. Reflections on the Ontology of Film*. Enl. Ed., Cambridge (MA) 1979.

Cavell, Stanley: *Pursuits of Happiness. The Hollywood Comedy of Remarriage*, Cambridge (MA) 1981.

Christen, Thomas: Das Kino des New Deal. In: ders. (Hrsg.): *Einführung in die Filmgeschichte*, Bd. 1: *Von den Anfängen des Films bis zum Ende des Zweiten Weltkrieges. Der internationale Film von 1895–1945*, Marburg 2020, S. 318–350.

Clover, Carol J.: *Men, Women, and Chain Saws. Gender in the Modern Horror Film*, Princeton (NJ) 1992.

Cuntz-Leng, Vera: Der Fantasyfilm. In: Marcus Stiglegger (Hrsg.): *Handbuch Filmgenre. Geschichte – Ästhetik – Theorie*, Wiesbaden 2020, S. 527–538.

Dika, Vera: *Games of Terror. Halloween, Friday the 13th, and the Films of the Stalker Cycle*, Rutherford (NJ) 1990.

Elsaesser, Thomas: *Hollywood heute. Geschichte, Gender und Nation im postklassischen Kino*, Berlin 2009.

Feichtinger, Christian: *Gegenkörper. Körper als Symbolsysteme des Guten und Bösen in STAR WARS*, Marburg 2010.

Festl, Yvonne: Die Poetik von „Plüsch und Plastik". Zu THE NEVERENDING STORY. In: Matthias Grotkopp / Tobias Haupts / Michael Wedel (Hrsg.): *Aufhebungen. Filmische Poetiken des Romantisch-Fantastischen*, Heidelberg 2022 (im Erscheinen).

Fowkes, Katherine A.: *The Fantasy Film*, Chichester 2010.

Friedrich, Andreas: Einführung. Ein Plädoyer für die Fantasie. In: ders. (Hrsg.): *Filmgenres. Fantasy- und Märchenfilm*, Stuttgart 2003, S. 9–14.

Friedrich, Andreas (Hrsg.): *Filmgenres. Fantasy- und Märchenfilm*, Stuttgart 2003.

Gerhardt, Uta: *Soziologie der Stunde Null. Zur Gesellschaftskonzeption des amerikanischen Besatzungsregimes in Deutschland 1944–1945/1946*, Frankfurt am Main 2005.

Giesen, Rolf: *Der phantastische Film*. Mit Beiträgen von Norbert Stresau und Wolfgang J. Fuchs, Ebersberg 1983.

Groß, Bernhard: *Die Filme sind unter uns. Zur Geschichtlichkeit des frühen deutschen Nachkriegskinos: Trümmer-, Genre-, Dokumentarfilm*, Berlin 2015.

Grotkopp, Matthias / Tobias Haupts / Michael Wedel (Hrsg.): *Aufhebungen. Filmische Poetiken des Romantisch-Fantastischen*, Heidelberg 2022 (im Erscheinen).

Haupts, Tobias: *Approaching Babylon*. JMS, BABYLON 5 und die Space Opera. In: Vincent Fröhlich / Lisa Gotto / Jens Ruchatz (Hrsg.): *Fernsehserie und Literatur. Facetten einer Medienbeziehung*, München 2019, S. 311–337.

Hellmann, Christian: *Der Science Fiction Film*, München 1983.

Hembus, Joe: *Der deutsche Film kann gar nicht besser sein. Ein Pamphlet von gestern, eine Abrechnung von heute. Mit einem Beitrag von Laurens Straub*, München 1981.

Hoberman, J.: *Make my Day. Movie Culture in the Age of Reagan*, New York (NY) 2019.

Illger, Daniel: *Grüne Sonnen: Poetik und Politik der Fantasy am Medium Videospiel*, Berlin 2020.

Jaspers, Kristina: Das Kino der Dekadenz. Nietzsches Kritik als filmische Analyse. In: Jan Drehmel / dies. / Steffen Vogt (Hrsg.): *Wagner Kino. Spuren und Wirkungen Richard Wagners in der Filmkunst*, Berlin 2013, S. 110–119.

Jones, Brian Jay: *George Lucas. Die Biografie*, Hamburg 2017.

Jeffords, Susan: *Hard Bodies. Hollywood Masculinity in the Reagan Era*, New Brunswick (NJ) 1994.

Jeffords, Susan: Back to the Future. Hollywood and Reagan's America. In: Cynthia Lucia / Roy Grundmann / Art Simon (Hrsg.): *The Wiley-Blackwell History of American Film*, Vol. IV: *1976 to the Present*, Chichester 2012, S. 195–209.

Kaczmarek, Ludger: Morphing [Art.]. In: *Das Lexikon der Filmbegriffe*. Auf: https://filmlexikon.uni-kiel.de/doku.php/m:morphing-1770?s[]=morphing (Zugriff 01. August 2022).

Kappelhoff, Hermann: *Realismus: das Kino und die Politik des Ästhetischen*, Berlin 2008.

Kappelhoff, Hermann: Die Sinnlichkeit einer anderen Zeit. Zur Frage des Erinnerungsbildes in Viscontis Historien. In: Thomas Koebner / Irmbert Schenk (Hrsg.): *Das goldene Zeitalter des italienischen Films. Die 1960er Jahre*, München 2008, S. 181–201.

Kappelhoff, Hermann: *Genre und Gemeinsinn. Hollywood zwischen Krieg und Demokratie*, Berlin 2016.

Kappelhoff, Hermann / Matthias Grotkopp: Historische Poetik des Films. In: Bernhard Groß / Thomas Morsch (Hrsg.): *Handbuch Filmtheorie*, Wiesbaden 2018, S. 305–322.

Kappelhoff, Hermann / Jan-Hendrik Bakels / Hauke Lehmann / Christina Schmitt (Hrsg.): *Emotionen. Ein interdisziplinäres Handbuch*, Berlin 2019.

Klein, Amanda Ann: *American Film Cycles. Reframing Genres, Screening Social Problems, and Defining Subcultures*, Austin (TX) 2011.

Knöppler, Christian: *The Monster Always Returns. American Horror Films and Their Remakes*, Bielefeld 2017.

Kracauer, Siegfried: *Von Caligari zu Hitler. Eine psychologische Geschichte des deutschen Films*. Mit 64 Abbildungen, übers. Karsten Witte, Frankfurt am Main 1979.

Lehmann, Hauke: *Affektpoetiken des New Hollywood. Suspense, Paranoia und Melancholie*, Berlin 2017.

Lötscher, Christine: *Die Alice-Maschine. Figurationen der Unruhe in der Populärkultur*, Stuttgart 2020.

McFadzean, Angus: *Suburban Fantastic Cinema. Growing up in the Late Twentieth Century*, London 2019.

Mendlesohn, Farah / Edward James: *Eine kurze Geschichte der Fantasy*, übers. Simone Heller, Berlin 2017.

Meteling, Arno: *Monster. Zu Körperlichkeit und Medialität im modernen Horrorfilm*, Bielefeld 2006.

Moltke, Johannes von: Evergreens: The *Heimat* Genre. In: Tim Bergfelder / Erica Carter / Deniz Göktürk (Hrsg.): *The German Cinema Book*, London 2002, S. 18–28.

Moltke, Johannes von: *No Place Like Home. Locations of Heimat in German Cinema*, Berkeley (CA) 2005.

Niasseri, Sassan: *A Lifetime Full of Fantasy. Das phantastische Kino. Aufstieg, Fall und Comeback*, Marburg 2021.

Oltmann, Katrin: *Remake | Premake. Hollywoods romantische Komödien und ihre Gender-Diskurse, 1930–1960*, Bielefeld 2008.

Prince, Stephen: *A New Pot of Gold. Hollywood Under the Electronic Rainbow, 1980–1989*. Vol. 10: *History of the American Cinema*, Berkeley (CA) 2000.

Rauscher, Andreas: *Star Wars. 100 Seiten*, Ditzingen 2019.

Sawyer, Andy: Space Opera. In: Mark Bould / Andrew Butler / Adam Roberts / Sherryl Vint (Hrsg.): *The Routledge Companion to Science Fiction*, London 2009, S. 505–509.

Schleicher, Janine Leona: Polaritäten von Melancholie und Mythos in THE LAST UNICORN. In: Matthias Grotkopp / Tobias Haupts / Michael Wedel (Hrsg.): *Aufhebungen. Filmische Poetiken des Romantisch-Fantastischen*, Heidelberg 2022 (im Erscheinen).

Scholten, Michael / Wolf Jahnke (Hrsg.): *Es war einmal ... Mein erstes Mal STAR WARS. Prominente und Fans erinnern sich*, Marburg 2015.

Seeßlen, Georg / Claudius Weil: *Kino des Phantastischen. Geschichte und Mythologie des Horror-Films. Mit einer Filmografie von Peter Horn und einer Bibliografie von Jürgen Berger*, Reinbek bei Hamburg 1980.

Seeßlen, Georg: *Kino des Utopischen. Geschichte und Mythologie des Science-fiction-Films. Mit einer Bibliografie von Jürgen Berger*, Reinbek bei Hamburg 1980.

Seeßlen, Georg: Kino der Dekadenz: Verwöhnt, verrucht, verdorben [2019]. In: *epd Film*. Auf: https://www.epd-film.de/themen/kino-der-dekadenz-verwoehnt-verrucht-verdorben (Zugriff 01. August 2022).

Shary, Timothy: *Teen Movies. American Youth on Screen*, London 2005.

Sobchack, Vivian: *Screening Space. The American Science Fiction Film*, New York (NY) 1987.

Spiegel, Simon: *Die Konstitution des Wunderbaren. Zu einer Poetik des Science-Fiction-Films*, Marburg 2007.

Stableford, Brian: Space Opera. In: John Clute / Peter Nicholls (Hrsg.): *The Encyclopedia of Science Fiction*, New York (NY) 1995, S. 1138–1140.

Stiglegger, Marcus: *Sadiconazista. Sexualität und Faschismus im Film der siebziger Jahre bis heute*, St. Augustin 1999.

Stresau, Norbert: *Der Fantasy Film*, München 1984.

Stresau, Norbert: *Der Horror-Film. Von Dracula zum Zombie-Schocker*, München 1987.

Tasker, Yvonne: *Spectacular Bodies. Gender, Genre and the Action Cinema*, New York (NY) 1993.

Tolkien, J. R. R.: Über Märchen [1939 / 1947]. In: ders.: *Gute Drachen sind rar. Drei Aufsätze*, übers. Wolfgang Krege, Stuttgart ³2002, S. 51–140.

Troy, Gil: *The Reagan Revolution. A Very Short Introduction*, Oxford 2009.

Truffaut, François: Eine gewisse Tendenz im französischen Film [1954]. In: ders.: *Die Lust am Sehen*, übers. und hrsg. Robert Fischer, Frankfurt am Main 1999, S. 295–313.

Turnock, Julie A.: *Plastic Reality. Special Effects, Technology, and the Emergence of 1970s Blockbuster Aesthetics*, New York (NY) 2015.

Vineberg, Steve: *No Surprises, Please. Movies in the Reagan Decade*, New York (NY) 1993.

Völcker, Matthias: *Fan-Sein. Die Identität des Star Wars Fans*, Wiesbaden 2016.

Vu, Huan: Lange Schatten. Genrefilm und Fantastik im Spannungsfeld der deutschen Geschichte. In: Christian Alexius / Sarah Beicht (Hrsg.): *Fantastisches in dunklen Sälen. Science-Fiction, Horror und Fantasy im jungen deutschen Film*, Marburg 2018, S. 19–36.
Walters, James: *Fantasy Film. A Critical Introduction*, New York (NY) 2011.
Wedel, Michael: Jenseits von *Nosferatu*: Formen ‚stiller' Fantastik bei F. W. Murnau. In: Meike Uhrig / Vera Cuntz-Leng / Luzie Kollinger (Hrsg.): *Wissen in der Fantastik. Vom Suchen, Verstehen und Teilen*, Wiesbaden 2017, S. 95–105.
Wood, Robin: *Hollywood from Vietnam to Reagan ... and Beyond. Expanded and Revised Edition*, New York (NY) 2003 [1986].

Filmverzeichnis

A Nightmare on Elm Street [Nightmare – Mörderische Träume]. Regie: Wes Craven. New Line Cinema / Media Home Entertainment / Smart Egg Pictures, USA 1984.
Aliens [Aliens – Die Rückkehr]. Regie: James Cameron. Twentieth Century Fox / Brandywine Productions / Pinewood Studios, UK / USA 1986.
American Pie [American Pie – Wie ein heißer Apfelkuchen]. Regie: Paul Weitz. Universal Pictures / Zide-Perry Productions / Newmarket Capital Group, USA 1999.
American Gods. Creators: Bryan Fuller / Michael Green. Canada Film Capital / Fremantle, USA 2017–2021.
An American Werewolf in London [American Werewolf]. Regie: John Landis. Polygram Pictures / Lyncanthrope Films / American Werewolf, UK / USA 1981.
Back to the Future [Zurück in die Zukunft]. Regie: Robert Zemeckis. Universal Pictures / Amblin Entertainment / U-Drive Productions, USA 1985.
Back to the Future Part II [Zurück in die Zukunft II]. Regie: Robert Zemeckis. Universal Pictures / Amblin Entertainment / U-Drive Productions, USA 1989.
Back to the Future Part III [Zurück in die Zukunft III]. Regie: Robert Zemeckis. Universal Pictures / Amblin Entertainment / U-Drive Productions, USA 1990.
Bez końca [Ohne Ende]. Regie: Krzysztof Kieślowski. Studio Filmowe TOR, PL 1985.
Clash of the Titans [Kampf der Titanen]. Regie: Desmond Davis. Charles H. Schneer Productions / Peerford Ltd., UK / USA 1981.
Clash of the Titans [Kampf der Titanen]. Regie: Louis Leterrier. Warner Bros. / Legendary Entertainment / Thunder Road Pictures, USA 2010.
Close Encounters of the Third Kind [Unheimliche Begegnung der dritten Art]. Regie: Steven Spielberg. Julia and Michael Phillips Productions / EMI Films, UK / USA 1977.
Conan. Regie: Marcus Nispel. Lionsgate / Millennium Films / Cinema Vehicles, USA 2011.
Conan the Barbarian [Conan, der Barbar]. Regie: John Milius. Universal Pictures / Dino De Laurentiis Company / Pressman Film, USA / MX 1982.
Das Wachsfigurenkabinett. Regie: Leo Birinski / Paul Leni. Neptun-Film AG, D 1924.
Die Blechtrommel. Regie: Volker Schlöndorff. Franz Seitz Filmproduktion / Bioskop Film / Artemis Film, BRD / F 1979.
Die Geschichte der Fantasy. Teil 1: Mutige Helden. Regie: Viola Löffler. k22 Film & Entertainment / Zweites Deutsches Fernsehen / ARTE, D 2019.
Die Nibelungen. Regie: Fritz Lang. Decla-Bioscop AG / UFA, D 1924.
Der Himmel über Berlin. Regie: Wim Wenders. Road Movies / Argos Films / Westdeutscher Rundfunk, BRD / F 1987.
Dr. Mabuse, der Spieler. Regie: Fritz Lang. Uco-Film GmbH, D 1922.
Dragonslayer [Der Drachentöter]. Regie: Matthew Robbins. Paramount Pictures / Walt Disney Productions, USA 1981.
Dune [Der Wüstenplanet]. Regie: David Lynch. Dino De Laurentiis Company / Estudios Churubusco Azteca S. A., USA / MX 1984.
Eragon [Eragon – Das Vermächtnis der Drachenreiter]. Regie: Stefen Fangmeier. Fox 2000 Pictures / Davis Entertainment / Dune Entertainment, USA / UK / HU 2006.
Erik the Viking [Erik der Wikinger]. Regie: Terry Jones. KB Erik the Viking / Prominent Features / Svensk Filmindustri, UK / SWE 1989.

Open Access. © 2022 bei den Autorinnen und Autoren, publiziert von De Gruyter. Dieses Werk ist lizenziert unter der Creative Commons Namensnennung - Nicht-kommerziell - Keine Bearbeitung 4.0 International Lizenz.
https://doi.org/10.1515/9783110990799-010

E. T. THE EXTRA-TERRESTRIAL [E. T. – DER AUSSERIRDISCHE]. Regie: Steven Spielberg. Universal Pictures / Amblin Pictures, USA 1982.

EXCALIBUR. Regie: John Boorman. Cinema '84 / Orion Pictures, UK / USA 1981.

FLASH GORDON. Regie: Mike Hodges. Starling Films / Famous Films / Dino De Laurentiis Company, UK / USA / NL 1980.

GAME OF THRONES [GAME OF THRONES – DAS LIED VON EIS UND FEUER]. Creators: David Benioff / D. B. Weiss. HBO / Television 360 / Grok! Studio, USA / UK 2011–2019.

HALLOWEEN [HALLOWEEN – DIE NACHT DES GRAUENS]. Regie: John Carpenter. Compass International Productions / Falcon International Pictures, USA 1978.

HE-MAN AND THE MASTERS OF THE UNIVERSE [HE-MAN – IM TAL DER MACHT]. Creator: Lou Scheimer. Filmation Associates / Mattel, USA 1983–1984.

IL CONFORMISTA [DER GROSSE IRRTUM]. Regie: Bernardo Bertolucci. Mars Films / Marianne Productions / Maran Film, I / F / BRD 1970.

IL PORTIERE DI NOTTE [DER NACHTPORTIER]. Regie: Liliana Cavani. Lotar Film Productions / Les Productions Artistes Associés, I / F 1974.

INDIANA JONES AND THE TEMPLE OF DOOM [INDIANA JONES UND DER TEMPEL DES TODES]. Regie: Steven Spielberg. Paramount Pictures / Lucasfilm, USA 1984.

INDIANA JONES AND THE LAST CRUSADE [INDIANA JONES UND DER LETZTE KREUZZUG]. Regie: Steven Spielberg. Paramount Pictures / Lucasfilm, USA 1989.

JAWS [DER WEISSE HAI]. Regie: Steven Spielberg. Zanuck & Brown Productions / Universal Pictures, USA 1975.

„JE VOUS SALUE, MARIE" [MARIA UND JOSEPH]. Regie: Jean-Luc Godard. CH / F 1984.

JUPITER ASCENDING. Regie: Lana Wachowski / Lilly Wachowski. Warner Bros. / Village Roadshow Pictures / Dune Entertainment, USA / AU 2015.

JURASSIC PARK. Regie: Steven Spielberg. Universal Pictures / Amblin Entertainment, USA 1993.

LA CADUTA DEGLI DEI [DIE VERDAMMTEN (GÖTTERDÄMMERUNG)]. Regie: Luchino Visconti. Praesidens / Pegaso Cinematografica / Italnoleggio Cinematografico, I / BRD 1969.

LABYRINTH [DIE REISE INS LABYRINTH]. Regie: Jim Henson. Henson Associates / Lucasfilm / The Jim Henson Company, USA / UK 1986.

LADYHAWKE [DER TAG DES FALKEN]. Regie: Richard Donners. Twentieth Century Fox / Warner Bros., USA / I 1985.

LEGEND [LEGENDE]. Regie: Ridley Scott. Legend Production Company / Embassy International Pictures, USA / UK 1985.

MASTERS OF THE UNIVERSE. Regie: Gary Goddard. Golan-Globus Productions / Pressman Film / Cannon Films, USA 1987.

MASTERS OF THE UNIVERSE: REVELATION. Creator: Kevin Smith. Mattel / Michael Made Me / Powerhouse Animation Studio, USA 2021–.

MOMO. Regie: Johannes Schaaf. Cinecittà / Iduna Film / Rialto Film, BRD / I 1986.

MUNICH [MÜNCHEN]. Regie: Steven Spielberg. Dreamworks Pictures / Universal Pictures / Amblin Entertainment, USA / CA / F 2005.

NOSFERATU – EINE SYMPHONIE DES GRAUENS. Regie: Friedrich W. Murnau. Jofa-Atelier Berlin-Johannisthal / Prana-Film GmbH, D 1922.

RETURN TO OZ [OZ – EINE FANTASTISCHE WELT]. Regie: Walter Murch. BMI / Oz Produktions / Silver Screen Partners II, UK / USA 1985.

ROGUE ONE: A STAR WARS STORY. Regie: Gareth Edwards. Lucasfilm / Walt Disney Pictures / Allison Shearmur Productions. USA 2016.

Ronja Rövardotter [Ronja Räubertochter]. Regie: Tage Danielsson. Film Teknik / Norsk Film / Swensk Filmindustri, SWE / NOR 1984.

Salò o le 120 giornate di Sodoma [Die 120 Tage von Sodom]. Regie: Pier Paolo Pasolini. PE / Les Productions Artistes Associés, I / F 1975.

Schindler's List [Schindlers Liste]. Regie: Steven Spielberg. Universal Pictures / Amblin Entertainment, USA 1993.

Scream [Scream – Schrei!]. Regie: Wes Craven. Dimension Films / Woods Entertainment, USA 1996.

Sesame Street [Sesamstraße]. Creators: Joan Ganz Cooney / Lloyd Morrisett. CTW / Curious Pictures / Sesame Workshop, USA 1969–.

Star Wars: Episode I – The Phantom Menace [Star Wars: Episode I – Die dunkle Bedrohung]. Regie: George Lucas. Lucasfilm, USA 1999.

Star Wars: Episode IV – A New Hope [Star Wars: Episode IV – Eine neue Hoffnung]. Regie: George Lucas. Lucasfilm / Twentieth Century Fox, USA 1977.

Star Wars: Episode V – The Empire Strikes Back [Star Wars: Episode V – Das Imperium schlägt zurück]. Regie: Irvin Kershner. Lucasfilm, USA 1980.

Star Wars: Episode VI – Return of the Jedi [Star Wars: Episode VI – Die Rückkehr der Jedi-Ritter]. Regie: Richard Marquand. Lucasfilm, USA 1983.

Star Wars: Episode VIII – The Last Jedi [Star Wars: Episode VIII – Die letzten Jedi]. Regie: Rian Johnson. Walt Disney Pictures / Lucasfilm / Ram Bergman Productions, USA 2017.

Star Wars: Episode IX – The Rise of Skywalker [Star Wars: Episode IX – Der Aufstieg Skywalkers]. Regie: J. J. Abrams. Walt Disney Pictures / Lucasfilm / Bad Robot, USA 2019.

Taxi Driver. Regie: Martin Scorsese. Columbia Pictures / Italo-Judeo Productions, USA 1976.

Terminator 2: Judgment Day [Terminator 2: Tag der Abrechnung]. Regie: James Cameron. Carolco Pictures / Pacific Western / Lightstorm Entertainment, USA 1991.

The Abyss [Abyss – Abgrund des Todes]. Regie: James Cameron. Twentieth Century Fox / Pacific Western / Lightstorm Entertainment, USA 1989.

The Black Cauldron [Taran und der Zauberkessel]. Regie: Ted Berman / Richard Rich. Walt Disney Pictures / Silver Screen Partners II, USA 1985.

The Care Bears [Die Glücksbärchis]. Creators: Linda Denham / Elena Kucharik. Nelvana / Téléfilm Canada / Global, USA / CA 1985–1988.

The Color Purple [Die Farbe Lila]. Regie: Steven Spielberg. Warner Bros. / Amblin Entertainment / The Guber-Peters Company, USA 1985.

The Dark Crystal [Der Dunkle Kristall]. Regie: Jim Henson / Frank Oz. ITC Entertainment / Henson Organisation Ltd. USA 1982.

The Dark Crystal: Age of Resistance [Der Dunkle Kristall: Ära des Widerstands]. Creators: Jeffrey Addiss / Will Matthews CPTC / Netflix / The Jim Henson Company, USA 2019.

The Exorcist [Der Exorzist]. Regie: William Friedkin. Warner Bros. / Hoya Production, USA 1973.

The Ghost and Mrs. Muir [Ein Gespenst auf Freiersfüßen]. Regie: Joseph L. Mankiewicz. Twentieth Century-Fox, USA 1947.

The Goonies [Die Goonies]. Regie: Richard Donner. Warner Bros. / Amblin Entertainment, USA 1985.

The Last Unicorn [Das letzte Einhorn]. Regie: Jules Bass / Arthur Rankin Jr. Rankin & Bass Productions / ITC Entertainment, USA / UK u. a. 1982.

The Lord of the Rings [Der Herr der Ringe]. Regie: Ralph Bakshi. Fantasy Films / Bakshi Productions / The Saul Zaentz Company, USA / UK / E 1978.

The Lord of the Rings: The Two Towers [Der Herr der Ringe: Die zwei Türme]. Regie: Peter Jackson. New Line Cinema / WingNut Films / The Saul Zaentz Company, NZ / USA 2002.

The Lord of the Rings: The Return of the King [Der Herr der Ringe: Die Rückkehr des Königs]. Regie: Peter Jackson. New Line Cinema / WingNut Films / The Saul Zaentz Company, NZ / USA 2003.

The Muppet Show [Die Muppet Show]. Creator: Jim Henson. ATV / HIT Entertainment / Henson Associates, USA / UK 1976–1981.

The NeverEnding Story / Die unendliche Geschichte. Regie: Wolfgang Petersen. Constantin Film / Bavaria Film / Westdeutscher Rundfunk, USA / BRD 1984.

The NeverEnding Story II: The Next Chapter [Die unendliche Geschichte II – Auf der Suche nach Phantásien]. Regie: George Trumbull Miller. Warner Bros. / Bavaria Film / Cinevox GmbH / Dieter Geissler Filmproduktion GmbH, D 1990.

The Princess Bride [Die Braut des Prinzen]. Regie: Rob Reiner. Act III Communications / Buttercup Films / The Princess Bride Ltd., USA 1987.

The Purple Rose of Cairo. Regie: Woody Allen. Jack Rollins & Charles H. Joffe / Orion Pictures, USA 1985.

The Texas Chain Saw Massacre [Blutgericht in Texas]. Regie: Tobe Hooper. Vortex, USA 1974.

The Thief of Bagdad [Der Dieb von Bagdad]. Regie: Raoul Walsh. Douglas Fairbanks Pictures, USA 1924.

The Wizard of Oz [Der Zauberer von Oz]. Regie: Victor Fleming. MGM, USA 1939.

Time Bandits. Regie: Terry Gilliam. HandMade Films, UK 1981.

Triumph des Willens. Regie: Leni Riefenstahl. Leni-Riefenstahl-Produktion / Reichspropagandaleitung der NSDAP, D 1935.

Valerian and the City of a Thousand Planets [Valerian – Die Stadt der tausend Planeten]. Regie: Luc Besson. F u. a. 2017.

Vanina [Vanina oder Die Galgenhochzeit]. Regie: Arthur von Gerlach. PAGU, D 1922.

War of the Worlds [Krieg der Welten]. Regie: Steven Spielberg. Paramount Pictures / Dreamwork Pictures / Amblin Entertainment, USA 2005.

Willow. Regie: Ron Howard. MGM / Lucasfilm / Imagine Entertainment, USA 1988.

Willow. Creator: Jonathan Kasdan / Wendy Mericle. Lucasfilm / Imagine Television / MGM, USA 2022.

Abbildungsverzeichnis

Abb. 1–3	STAR WARS (George Lucas, USA 1977).
Abb. 4–8	CONAN THE BARBARIAN (John Milius, USA / MX 1982).
Abb. 9–10	RETURN OF THE JEDI (Richard Marquand, USA 1983).
Abb. 11	THE BLACK CAULDRON (Ted Berman / Richard Rich, USA 1985).
Abb. 12–16	THE DARK CRYSTAL (Jim Henson / Frank Oz, USA 1982).
Abb. 17, 41–43	WILLOW (Ron Howard, USA 1988).
Abb. 18–23	EXCALIBUR (John Boorman, UK / USA 1981).
Abb. 24–26	DRAGONSLAYER (Matthew Robbins, USA 1981).
Abb. 27–30	THE LAST UNICORN (Jules Bass / Arthur Rankin Jr., USA / UK u. a. 1982).
Abb. 31–37	LABYRINTH (Jim Henson, USA / UK 1986).
Abb. 38–40	LEGEND (Ridley Scott, USA / UK 1985).

Open Access. © 2022 bei den Autorinnen und Autoren, publiziert von De Gruyter. Dieses Werk ist lizenziert unter der Creative Commons Namensnennung - Nicht-kommerziell - Keine Bearbeitung 4.0 International Lizenz.
https://doi.org/10.1515/9783110990799-011

www.ingramcontent.com/pod-product-compliance
Lightning Source LLC
Chambersburg PA
CBHW061942220426
43662CB00012B/1999